怎麼活怎麼死

死不了的時代，我們有權利決定如何離開

村上陽一郎 —— 著

目錄

前　言

總也死不了的時代

壽命延長改變民眾意識

日本是全球屈指可數的長壽國家，根據世界衛生組織（World Health Organization，WHO）在二〇一八年發表的統計結果，日本人男女合計平均壽命為八十四點二歲，領先全球。

長壽的原因包括供基礎建設完善的供排水系統，與交通事故死亡人數減少等等，不過國民平均壽命長度足以傲視全球也可說是日本醫療的「勝利」吧！

先不論日本民眾對於當前的醫療是否滿意，根據世界衛生組織等機構所舉行的各類調查，可以發現日本醫療在國際之間評價優秀。我會特別加上「先不論」這句話是因為根據日本的社會研究發現民眾普遍不甚信賴與滿意醫療現況。

過往醫療的最大目的是拯救患者性命，為了延長病人壽命而全力以赴。

然而社會制度改變，醫療品質提升之後，日本這個全世界數一數二的長壽國家卻面臨民眾價值觀改變。

我在《「死亡」臨床學》（新曜社）一書中以粗俗的方式形容現代社會是

「總也死不了的社會」。

環顧全球，人類仍舊是傳染疾病的手下敗將，前所未見的病原體依舊極為可能穿越國界，入侵日本。防疫與開發疫苗等許多工作還有待眾人努力，片刻不得鬆懈。儘管如此，現代的日本社會由於醫學進步，正值盛年的國民幾乎不會因為細菌或病毒而突然過世。人類壽命雖然沒有明確的定義，至少目前許多人是與生活習慣病和平相處，逐漸邁向死亡，也就是因為衰老而自然死亡。

在這種環境下孕育而生的新心態竟然是「死不了」，實在諷刺；另一件諷刺的事則是大家無法自然死亡，反而被迫死得「不自然」。

抱怨長壽的時代

相信讀者當中應該有人記得一九九〇年代熱賣兩百萬本以上的暢銷書《大往生》**（中文版為方智出版社）**，內容收錄作者永輔六關於老、死、病的名言。出版該書的岩波新書過去走的是嚴肅的學術路線，因此也引發一波討論。二〇一〇年代後期出現的暢銷書則是佐藤愛子的《九十歲有什麼可喜可賀》（小學館）。

相較於恭喜對方壽終就寢的「大往生」，兩本書對於長壽的態度有如天壤之別。佐藤愛子本來就是當紅作家，我個人也很敬佩她年過九十還持續提筆寫作。此書賣破百萬的理由想必是標題明顯反駁過往看待長壽的觀念，道出現代人的心聲。

二〇一九年三月，居住於福岡市的日本女性以一一六歲獲得世界金氏紀錄認證為全球最高齡人瑞。這則新聞的版面很小。順帶一提，上一位人瑞是住在橫濱市的一一七歲女性，更之前是住在鹿兒島縣的一一七歲女性。我不記得這二件事情曾經蔚為話題。

過去知名的人瑞泉重千代吸引大批觀光客前往他家參觀，另一對人瑞雙胞胎姐妹花「金銀婆婆」還因為高人氣成為廣告代言人。相較於過往長壽便能上新聞的時代，媒體已經不再追求全球最高齡人瑞等話題。家母過世時高齡一〇六歲。一般人聽了只會說真長壽，並不會特別驚訝。

太長的「餘生」

眾人對於死亡一事形成「總也死不了」的共識，這種想法對於今後的社會將會逐漸產生負面影響。

二〇〇七年，日本六十五歲以上人口占總人口比率跨越百分之二十一，領先全球，早一步進入「超高齡社會」。

高齡人口比率今後只會繼續增加，預計到了二〇二五年時約三成，二〇六〇年時約四成。這自然是因為人口不斷減少，尤其是年輕族群特別稀少，也就是生育率下降帶來的嚴重影響。

或許是因為擔心超高齡社會的未來，媒體幾乎每星期都會以專題報導的方式介紹「年金制度崩壞」、「老年破產」，更是煽動得民眾人心惶惶。各類社會福利制度的確是無法應付現在的長壽社會。

二〇一九年，金融廳（**類似台灣金管會**）的金融審議市場工作小組提出報告表示「除了政府發放的年金之外，退休後仍需日幣二千萬元（**折合台幣約五百六十萬元**）方能生活三十年」。這份報告引發軒然大波，當時又正逢選舉前夕，財務大臣（**類似台灣的財政部長**）麻生太郎甚至拒絕收下這份報告。然而過去制定社會福利制度時並未思考過人類未來竟然會如此長壽，報告的結論可說是「理所當然」。年金制度是根據過往的常識所制定。今後「死不了」的人日益增加，要求年金制度有效運作本身就是不合理的要求。這應該是眾所皆知的事實。我認為麻生太郎要是能正面思考，收下這份報告，當作是向日本國民拋出這個問題，請大家一同思考討論就好了。

日本人，尤其是中高年男性都很喜歡法蘭克・辛納屈（Frank Sinatra）的歌曲〈我走我的路（My Way）〉（作曲：Claude François、Jacques Revaux；作詞：Paul Anka）。我從沒踏進過卡拉OK，對卡拉OK的態度可以用上我很少說出口的四個字「非常討厭」。然而日本的上班族喜歡在卡拉OK唱這首歌，應該是因為歌曲貼切描述退休之後的情況，尤其是「And now, the end is near. And so I face the final curtain.（人生即將結束，閉幕的布幕已經出現在眼前）」說出人生邁向尾聲時的心境。對於過去的人而言，退休之後就是淡泊生活，結束為時不久的餘生。

根據二〇一九年的統計，日本女性平均壽命為八十七歲多，男性平均壽命是八十一歲多，兩者都是在世界長壽排名足以角逐二、三名的數字。由此可知，今後活到八、九十歲是理所當然。六十歲左右退休之後，剩下來的人生和工作年資相差無幾。如此一來，自然會產生個人必須詳細規劃財務計畫與社會關係的觀念，否則無法走完剩餘的漫長人生。

想怎麼死？

現代日本人的三大死因是癌症、心臟疾病與腦血管疾病。

過去奪走大多數人性命的主兇是霍亂和傷寒等消化道傳染病。一八七九年，日本超過十萬人死於霍亂。至於痢疾等嬰幼兒容易感染的消化道傳染病也創下高死亡率。

之後由於排水系統日趨完善，主要的傳染疾病轉變為結核病。一九三五年到一九五〇年的十五年間，肺結核等結核病一直是死亡死因第一名。不少病患是年輕人，因此當時的平均壽命低得驚人。

腦血管疾病在一九五一年取代結核病，成為新死亡死因。之後的六十年間，癌症、心臟疾病與腦血管疾病一直盤據死亡死因前三名。肺炎、支氣管炎與衰老偶爾也會進入排行榜前三名，然而半世紀以來，主要的前三名幾乎不曾改變。

回想起來，這已經是二十多年前的往事了。當時我在退休前一年辭去東京大學尖端科學技術研究中心的工作，生理學教授的同事突然問我：「你明年就要滿六十歲了吧？根據統計，過了六十歲，除非遭遇意外事故，通常會死於腦中風、癌症或是心臟病。要是能選的話，你想選哪一個？」

他問得很突然，我也還沒到認真思考死亡的年齡，苦思到最後的回答是「我選心臟病，痛苦的時間比較短」。他聽了就說：「什麼都不懂的門外漢才會選心臟病。」

根據他的臨床經驗，心臟病發作死亡的病患臉上多半明顯流露出空虛的表情，不忍卒睹。腦中風因為也是在無法預期的狀態下發作，基本上和心臟病發一樣。相較之下，癌症通常確診之後至少還能活上半年或一年，所以他選擇癌症。

這番對話當然是以人無法決定如何死亡為前提。雖然我沒思考過如何度過餘生跟死亡相關的議題，這個問題倒是刺激我想了很多事。

我的一位醫師好友在大學主持會議時因為大動脈剝離過世，近乎當場死亡。他當時方才成立夢寐以求的大型專案，恐怕作夢也沒想到自己居然會猝死吧！

他過世之後，周遭的人為了善後似乎費盡千辛萬苦。雖然人死了不會知道自己給在世的人添了多少麻煩，然而想像好友的心情，想必留下了許多遺憾。他一定壯志未酬，也有很多事情想跟家人交代。這一切都不可能實現了。

當醫師宣告時

以往一般人都認為罹患癌症必死無疑。因此過去很長一段時間，日本一般的作法是偷偷請來家屬說明，不告訴病患本人。當事人在不知情的狀況下過世毫不稀奇。

然而近來年就算是癌症末期，告知病患本人才是主流作法。雖然資料有點老舊，根據二〇〇七年厚生勞働省（**類似台灣的衛生福利部加勞動部**）研究班的調查，日本的告知率為百分之六十五點七。現在似乎難以調查出正確數據，不過我推測應該增加到八成左右。換句話說，除了部分嚴重的癌症和病患本人相當高齡等情況，否則告知當事人都是理所當然。

現代醫療技術進步，從做好心理準備的角度來看，死於癌症的病患有時間思考如何死和安排死後。儘管來日無多，至少是比較幸運的死法。

以我個人為例，我在二〇一五年確診攝護腺癌，主治醫生看了檢查報告，語氣平靜地表示癌症持續發展，細胞學檢查的結果也不太樂觀，已經有幾處轉移至骨骼。考量我的年齡，建議採取賀爾蒙治療而非動手術，順利的話應該還可以活上五年。

對於現代人而言，癌症發病不再是什麼稀奇事，醫生告知病人的態度也平常冷靜。我對此十分感慨。

「魔彈」登場

回顧醫療史，日本是在明治時代由過去的東洋醫學全面轉換為西方醫學。儘管現在越來越多大學附設醫院開設東洋醫學門診，有些開業醫生提供醫療服務是以東洋醫學為主。然而法律基本上還是以西方醫學為主，習得西方醫學知識者方能考取證照。因此現在日本的主流醫療人員都把西方醫學以外的治療方式視為替代醫療。這一點與中西醫併行的中國截然不同。順帶一提，目前日本執行的「東洋醫療」和中國傳統的「中醫」有天壤之別。

歐洲醫學在近代細菌學始祖羅伯・柯霍（Robert Koch，一八四三～一九一〇）建立病原微生物學之後，克服了數個難關。其中最大的創舉是在二十世紀開發了足以確實打敗敵人的「魔彈」，也就是抗菌藥物「抗生素」。

歐洲醫學「魔彈主義」靠著抗生素，先是克服消化道傳染病，其次是抑制呼吸道傳染病到一定程度。當然克服這些疾病也和改善基礎建設息息相關。

然而現代醫學當前卻面臨了新的挑戰——生活習慣病（成人病或慢性病）。誕生於十九世紀的病原微生物學成為近代歐洲醫學核心，醫療以此為基礎發展，建立療法。然而過往的樂觀態度卻因為生活習慣病出現而蒙上一層陰影。

不久之前，癌症也視為生活習慣所造成的結果。然而進入超高齡社會之後，發現不見得是這麼一回事。

癌症與其說是生活習慣所造成的影響，不如說是生物肉體老化自然導致的結果。老化的過程中，身體當中總有細胞會形成癌細胞。因此癌症可說是伴隨年齡增長而來的疾病。

無論如何，生活習慣病都無法根治。一但發病，病患必須和醫生或是醫療院所打交道直到人生劃下句點。開始服藥就不能停藥，導致健保負擔沉重。因此生活習慣病可說是一種非常麻煩的疾病。

生活習慣病也大幅改變醫病關係。病患如果罹患的是傳染病，必須住院或是在醫療院所的管理下生活一定時間。就算不需要住院，必須完全聽從醫療這種社會制度規範，也和住院沒兩樣了。然而根治之後就與醫療毫無瓜葛，重獲自由。除非死亡，否則總有一天會獲得醫師通知明天就不用再上醫院或是服用藥物。換句話說，病患只要乖乖聽從醫師指示即可。

然而生活習慣病卻並非如此。醫師告知病患：「我會開藥給你，一個月之後來複診。」此時吃不吃藥操之於病人手中。掌控醫療主導權的不再是醫生，而是病患。醫師的角色轉變為陪伴病患邁向人生終點的「陪跑人」，給予建議與助力，協助病患自行控制疾病，儘量降低死前可能遭受的病痛。

某些特定疾病明顯是起因於長期吸菸或是喝酒。然而無論日常生活多麼養生節制，還是可能罹患生活習慣病。許多生活習慣病都和人類無法避免的生理現象「老化」有關。現代人可說是終於脫離細菌或病毒入侵造成「猝死」的時代，好不容易才進步到身體功能因為老化而衰退，於是「必然或自然死亡」。

然而好不容易擺脫猝死的下場卻是迎來「總也死不了」的時代。

「必須思考生死觀」的時代

近年來經常聽到「生死觀」一詞。

原本生死觀不應該是個人的觀念，而是「某個時代的日本人抱持這種生死觀」等描述群體概念的詞彙。然而現代人卻必須建立個人的生死觀，決定自己要如何劃下人生句點。

目前日本銀髮族約有半數是死於癌症，癌症可說是大多數日本人的死因。這件事促使眾人不得不思考自己的生死觀。畢竟聽到醫生告知再活三年或是五年的機率時，自然得思考餘生該如何度過以及如何迎接死亡。

這同時也是末期醫療所面臨的問題。

癌症進展到末期階段，一般病患都會希望能夠緩解疼痛。然而越來越多病人不願意人生最後一段路是靠全身插滿管子維繫生命。

二〇一二年舉辦的「高齡人口健康概念調查」發現六十五歲以上的受訪者對於「如果罹患不治之症，死期將近，你願意接受延後死期的維生醫療嗎？」的問題，回答「想順其自然」者高達百分之九十一點一，回答「願意為了延後死期而接受任何治療」者僅百分之四點七八。

我覺得比率高達九成多未免也太多了。由於這是內閣府（**類似台灣行政院**）彙整而出的調查結果，我甚至覺得是政府想帶風向吧！畢竟這種問法自然會引導出這種回答。如果高齡人口真的高達九成都做如是想，這種想法也成為社會共識，就不會發生本書接下來要討論的大多數問題。然而實際上醫療現場不但缺乏明確的共識，甚至出現各種混亂的場面。

想選哪一種死法？

自從人生的終點交由醫療控制，可以延長到一定程度之後，眾人被迫面對死亡，具體思考自己究竟想怎麼死。我想這是前所未有的情況。

是該選擇自然死亡呢？還是交由醫療團隊竭盡全力延後死期呢？

將來自己接受末期醫療時，必須事先決定想如何死，是因為現在必須事先告知醫療團隊「請勿執行違反自然的維生醫療」，才能迎向自然死亡。換句話說，無法確認當事人的意願時，醫療團隊必須執行各種維生措施搶救病人性命，導致現在成為「死不了的時代」。

當眼前的病患十分痛苦，陷入呼吸困難或是營養不良時，無論是站在生物倫理的觀點還是醫療的出發點，甚至考量經濟層面，都自然會選擇維生醫療。家屬就算確認過當事人的意願，面對緊急的情況往往也說不出「住手」。導致現實情況是有「九成的意願」未曾受到尊重。

第一線救護人員的聲音

二〇一九年二月，新聞節目報導東京消防廳的諮詢機關「急救業務懇親會」彙整了關於急救的建議——家庭醫師確認過病人的意願與其指示，救護人員即可中止急救措施。

這件事情代表僅管末期病患想在家裡度過人生最後一個階段，自然迎接死亡，家人在實際遇上病患即將心臟停止或是已經停止的情況時，還是會打一一九叫救護車。然而當救護人員實際抵達現場時，不少家屬卻告知救護人員病患不希望接受急救措施。這件事情實在很矛盾。

倘若病患事前表達過意願，家屬也願意尊重，就不需要叫救護車。然而家屬一緊張或是不安，還是習慣性打一一九。

救護人員遇上這種情況，因為沒有明確的標準規定是否急救，不知該如何是好，才會在急救業務懇親會上提出建議。

這次建議的作法是由家庭醫師確認病患的意願與症狀，倘若病患明確指示不願意接受急救以及拒絕送醫，由家屬在同意書上簽名之後，急救人員即可離開現場。雖然聽起來有點像把責任強加在家屬身上，至少這是尊重「九成的意願」的其中一步。

死亡遠離日常生活

死亡距離我們越來越遠。這是因為生育率降低與小家庭逐漸普及，遇到身邊的人過世的機會越來越少。

一九五四年年底，家父在自家過世。他生前是醫生。當時由家母親自為他沐浴淨身，用棉花塞住耳鼻以免體液流出。我當時還在念高中，協助家母整理家父的遺體。等待棺材送到家的同時，我親身體驗死亡究竟是怎麼一回事。

如果按照一般程序向公所申請，必須等到過完年才能火葬。我們於是拜託和家父熟稔的醫師朋友填寫死亡證明時把死亡時間提早半天，好不容易才在過年前完成火葬儀式。在現代人看來是難以想像的「違法」行為。

住在隔壁的外婆則是一九六四年過世，地點一樣是自家。

家姊大我三歲，是鋼琴演奏家，一九九九年在醫院過世；家母則是二〇一一年在家中過世。過去由家母和我為家父所做的事，現在都交給照護支援專門員安排的護理師和照護人員負責了。

另一方面，儘管家父是醫生，家姊和我依舊是由接生婆來到家中為家母接生。以前人幾乎都是在自家開啟人生起點和劃下人生句點，到了一九七〇年代中期卻出現一百八十度轉變。

至少到我童年時代，醫院都是人人走避不及的場所。說到生病總覺得有些罪惡感，上醫院跟住院都不是什麼值得公告天下的事。然而現在醫院已經成為日常生活的一部分，不再有人刻意隱瞞自己去醫院。

根據厚生勞働省的「人口動態調查」，「死於自家」和「死於醫院」的比率在一九七五年不相上下，從此之後後者超越前者。之後死於醫院者逐漸增加，直到現在死於醫院者占整體死亡者的百分之七十五，死於自家者為一成多。

現代人幾乎都是死在醫院，死於自家者從二〇〇四年開始些微增加。這是因為國家推動新政策，將照護主力由醫院改為居家，藉此解決醫院病床長期人滿為患的問題。政策改變代表醫院不再是收容高齡病患的地方。

死亡地點由自家轉換為醫院，許多人因而在醫院迎接死亡。這件事情對社會大眾的生死觀帶來莫大的影響。

日本有部討論死亡的電影叫《送行者：禮儀師的樂章》（瀧田洋二郎導演，二〇〇八年），當年勇奪奧斯卡金像獎外語電影大獎。

主角的職業是禮儀師，負責清潔遺體到入殮等一連串作業。日本人現在以自創的英文「天使護理（Angel Care）」稱呼這些作業。過往都是由家人親手整理遺體，現在則是交由醫院的護理師、照護人員或是葬儀社的員工。電影之所以在眾人腦海中留下強烈印象，其中一個原因是聚焦於這種一般人逐漸失去接觸機會的工作吧！

由於小家庭日漸增加，多代同堂不再普遍，親眼目睹周遭的人從衰老邁向死亡的機會大幅減少。生活在一起還有機會目睹祖父母是如何衰老，聆聽生前的想法，了解老死是線性的過程。倘若祖父母臨終時才突然接獲通知前往醫院，死亡便淪為「點」的體驗。

正因為死亡遠離日常生活，我們更應該重新貼近死亡，思考究竟何謂死亡。個人對於如何迎接死亡必須有一定的概念，整體社會也進入思量死亡今後方向的時期。

第一章

為什麼「死不了」？

醫學憑靠經驗累積

思考死亡這個課題時，不能忽略醫療與醫療制度。畢竟只有醫師才能宣告死亡，現代人又如同前文所述，多半是在醫院走完人生最後一段路。然而目前的醫療制度其實歷史並不悠久，過去的醫療狀況也與當前迥然不同。我認為思考死亡的課題之前，必須先了解這件事。

大家聽過日本的單口相聲「落語」的段子《愛吃蕎麥麵的阿清》嗎？這個故事源自關西的段子《蛇含草》。關東版本是吃蕎麥麵，關西版本是吃年糕。

我就用關東版本來舉例吧！清兵衛是個大胃王，大家都知道他愛吃蕎麥麵。有人和他打賭，問他吃不吃得下二十盤蕎麥麵？他三兩下便解決了二十盤蕎麥麵，贏得賭注。接下來挑戰三十盤，也還是贏了。

等到對方賭到五十盤時，清兵衛表示改天再戰便出門旅行去了。

他在信州的山裡迷路時，親眼目睹大蛇一口吞下獵人。吞下一整個人，就算是大蛇也撐得難以動彈。然而大蛇不過是舔了舔路邊的野草，原本鼓脹的腹部居然縮回原本的模樣。

當時他躲在大樹上偷看，心想只要有這個野草，賭再多盤也不怕。他於是摘下野草帶回家，打算賭一把大的。他宣稱自己吃得下七十盤蕎麥麵，於是在看熱鬧的人群包圍下吃了十盤、二十盤……一路吃到五十盤時，他終於受不了，走到室外呼吸新鮮空氣，打算順便偷舔之前摘回來的野草。

大家等啊等，卻怎麼也等不到清兵衛回來。當眾人覺得奇怪，拉開紙門向外一看，發現外面居然有一座蕎麥麵小山上罩著外套。

原來，大蛇舔的是用來融化人體的草藥——這個結局十分驚悚，卻又非常合理。

在說明何謂醫療時，經常舉《愛吃蕎麥麵的阿清》這個段子為例。我相信古人應該有很多類似的失敗例子。

我說了這麼長一串，簡而言之就是近代醫療完全憑藉經驗。大前提是要先活下去，所以發現理論或原理之前先頭痛醫頭，腳痛醫腳。反覆嘗試，經歷多次失敗後，藉由累積經驗記憶哪些作法危險，又是哪些作法能順利康復。日本過去關於醫療的著作叫做「本草」。所謂的「本草」收錄了關於草藥、礦物與動物的紀錄。醫師長久以來稱為「藥師」是因為醫療的本質是醫師判斷症狀應當處方何種「藥物」。因此醫療系統可以說是建立在龐大的失敗與成功經驗之上。這件事情也反映在信仰上，例如如來信仰體系當中極為重要的「藥師如來」。

愛德華・詹納（Edward Jenner，一七四九〜一八二三）以種牛痘防治天花的故事在日本也膾炙人口。他原本使用天花病患的膿來接種，致死率相當高。農民之間流傳一種說法是得過牛痘的人不容易得天花。另外眾所皆知的是得過牛痘的人就算得了天花，通常症狀也會比沒得過的人來得輕微得多。詹納想起這件事情，於是先在傭人兒子身上種牛痘，之後再種人痘，確認對方並未因此出現天花的症狀。這種作法要是發生在現代，一定會因為擅自用人體做實驗而引來批判。然而醫療的歷史中，許多新療法都是無視人權的成果。

世界衛生組織在一九八〇年宣告天花終於絕跡是距離開始接種牛痘約二百年。人類消滅天花的歷史正是典型的經驗主義。這個點子源自發明者記得生過一次病的人就不會再度感染，是記憶層疊累積的結果。

順帶一提，日本也有類似的例子。住在福岡的緒方春朔（一七四八～一八一〇）比詹納早六年，也就是一七九〇年時使用天花病患的膿來種痘。這個紀錄代表日本也有人想到用種人痘法來預防天花。詹納的種牛痘法直到一八四九年才從長崎傳入日本，之後普及至京都等地。江戶在一八五八年出現了「玉池種痘所」。這個機構成為日後東京大學醫學院的先河。

近代醫學時日尚淺

由此可知，現代人信賴的科學醫療，其實歷史並不悠久。

近代科學是從科學的角度分析疾病，始於十九世紀，距今不過二百多年。

過去日本稱傳染病為流行病，我早期的論文是彙整鼠疫蔓延至世界各地，也就是所謂「全球大流行（pandemic）」的情況，後來以《鼠疫大流行》之名出版（岩波新書）。

最有名的鼠疫全球大流行始於一三四八年，蔓延了約三十年。當時歐洲的港口在疫情嚴重之際，要求來自疫區的船隻必須在海上停泊四十天方能入港。順帶一提，英文的「隔離檢疫（quarantine）」一詞源自拉丁文的「四十天（quaranta）」，便是基於這個緣故。

儘管當時的人明白似乎是什麼不好的東西傳入才導致鼠疫爆發，卻無法進一步探究原因。當時的見解分為上帝懲罰凡人的宗教論、星球運行所致以及瘴氣說等等。瘴氣指的是毒氣，例如火山爆發或是一片死水的沼澤所散發的腐敗空氣。有些人認為吸到這些空氣便會罹患疾病。

新一派解釋認為原因出在眼睛，也就是人的眼神。歐洲流傳人類和蛇形怪獸「翼蜥（basilisk）」四目相對，便會石化死亡。因此和鼠疫病患四目相對也會遭到感染。當時的畫作描繪負責照護的人戴著面罩，以免與病患四目相對。

古人一直無法察覺傳染病的根本原因是病原體經人擴散。醫療人員最多只能以飲食療法調整病患的身體狀況。星球的位置和瘴氣等原因只能仰賴祈禱作法。

順帶一提，明治政府為了保護近代醫學，在一八七四年頒布法令，禁止祈禱作法、驅邪念咒等民俗療法。出現這道法令代表這些民俗療法在過往都是正當的醫療行為，然而民俗療法當然不會因為一紙法律便煙消雲散。

發現病原體

到了十九世紀，歐洲醫療出現二大重要流派。

首先是德國病理學家魯道夫・菲爾紹（Rudolf Virchow，一八二一～一九〇二）奠定了「疾病即政治」的觀念。

當時歐洲處於工業革命時期，出現大規模的工廠，所謂的工廠勞工也因應而生。這些勞工在惡劣的環境工作生活，被迫長時間勞動，引發結核病傳染。第一個正式主張必須由政府行動方能改善環境的正是菲爾紹。

然而當時開始出現疾病是起因於生物的說法。這一派首先發現寄生蟲，逐漸了解進入人體的生物帶有致病的要素。

法國生物兼化學家路易・巴斯德（Louis Pasteur，一八二二～一八九五）使用密閉的燒瓶證明「唯有生命能創造生命」。

之後羅伯・柯霍（Robert Koch，一八四三～一九一〇）成功分離炭疽桿菌（純化培養）。所謂的傳染病必定能找出病原體，並且能使用該病原體感染相同疾病。柯霍因此建立了三項假說：罹患特定疾病者身上必定能找到特定細菌；該細菌可分離且純化培養；使用該細菌可重現相同疾病。這三項假說成為確認細菌是病原體的原則。至此之後，以柯霍為主的病原微生物學逐漸興起。

菲爾紹主張「疾病即政治」在當時認為是否定生物致病論，兩派之間發生激烈爭執。然而以現代的角度來看，菲爾紹的主張可說是醫療社福政策先驅，兩者不應衝突對立。

現代人認為是常識的知識，其實距離發現當時不過短短一百五十年。

發現青黴素

近代醫學發展至今，出現過數個劃時代的階段。發現青黴素等抗生素可說是二十世紀醫學史上最大的創舉。

建立病原微生物學之後，科學家以類似《愛吃蕎麥麵的阿清》的偶然經驗法陸續發現可以抗菌的化學物質。其實直到現在，藥廠為了發掘日後可能用於製藥的物質，基本上還是運用同樣的方式再接再厲。

輪番嘗試的結果是在一九二八年奇蹟發現名為「青黴素」的抗生素。亞歷山大・弗萊明（Alexander Fleming，一八八一～一九五五）發現黴菌汙染了培養細菌的培養基，這個黴菌卻會阻礙細菌成長。青黴素是從一九四二年正式運用在醫療上（當時稱為「重新發現青黴素」），實際受到矚目是英國首相邱吉爾（Sir Winston Leonard Spencer-Churchill）罹患肺炎時施打青黴素而挽回性命。

人類仰賴青黴素克服細菌感染，大幅延長壽命。美國微生物學家瓦克斯曼（Selman Abraham Waksman）受到「奇蹟之藥」青黴素的刺激，在一九四四年發現鏈黴素。鏈黴素是治療結核病的藥物。

抗生素是針對病原體加以攻擊的藥物，用來治療傳染病。這種稱為「魔彈」的療法在第二次世界大戰時正式登場。

然而現在人類儘管具有攻擊細菌的「魔彈」，對於比細菌小的病毒卻還沒找到專用的「魔彈」。不過還是有發現的可能性。

十九世紀誕生於歐洲的病原微生物學和以此為基礎發展興盛的現代醫療基本上使用稱為「魔彈」的藥物逼出、打敗或是弱化體內的壞東西，促使身體狀況恢復到一定程度。人類因而獲得一種避免猝死的方法。另一方面，病原微生物學與菲爾紹的社會醫學結合，建立起預防病原體入侵的社會制度，例如檢疫、防疫或是接種疫苗以免細菌進入體內時造成嚴重後果等等。

無法根治的生活習慣病

人類原本對於醫學抱持樂觀態度，認為任何疾病都有機會藉由醫療根治。生活習慣病卻打破人類的美夢。

生活習慣病是指糖尿病、高血壓、高血脂症、高尿酸血症等因為吸菸或飲食等生活習慣所引發的疾病。日本人的三大死因——癌症、心臟疾病與腦血管疾病，都與生活習慣息息相關。過去日本人稱呼這些疾病為「成人病」，後來發現年輕人發病的比例也不低，因而更名。

傳染病不再是人類死亡的主因，取而代之的是隨著年齡增長而出現的疾病。

治療傳染病時，主導權掌握在醫療人員手中。病患在一定期間受到醫療人員控制，痊癒後便能重獲自由。雖然也有治療失敗、撒手人寰的例子，不過基本上都是這樣的治療模式。

然而當面對的是生活習慣病時，就無法套用這種模式了。生活習慣病可能到達症狀獲得控制的「緩解」狀態，卻無法「根治」。一輩子不可能迎來「接下來再也不用看醫生，真是太好了」。

這種情況下，病患受到醫療人員掌控的時間非常短暫。病患大部分的時間照常生活，自行負起持續治療的責任。醫療人員可以給予指導，卻無法強迫。

例如要不要服藥便是掌控在病患手裡。定期接受檢查，拿著處方箋去藥局領藥，也都是取決於病患的意願。無論最後是不是死於生活習慣病，通常要到離開人世才會跟醫院緣分已了。

如同死亡地點從自家轉換為醫院，大幅改變了死亡的社會型態，生活習慣病成為重大疾病也劇烈影響醫病關係與醫療結構。

過去的醫病關係是醫師高高在上，以類似專制君王的權威控制病人。醫療團隊與病患之間存在明顯的權力梯度。然而現今治療生活習慣病時，權力梯度幾近消失。

最符合現在醫病關係的說法是醫師成為「陪跑員」或是「顧問」。最重要的是陪伴病患朝同一個方向前進，互助合作，協助控制疾病，以避免死前承受過多病痛。

現在日本總算把家庭醫師與其他專科醫師的工作分開。家庭醫師的工作是貫徹「顧問」的身分，發現可能危害生命的疾病時，把病患轉診至大學附設醫院等大醫院。這種作法已經逐漸生根。

醫師與病患的關係演變至此，醫療倘若發生問題，原因在於病患必須自行負起遵守醫療規定（遵守醫療人員的指示）的責任，也就是病患必須清楚明白哪些事情不能「全權委託」醫師。從現代病患對待醫師的態度，看得出來病人了解此事到一定程度。

社會制度也明顯朝同樣的方向發展。以服藥為例，出現越來越多方便病患管理藥物的工具。例如藥局會把大量藥物分裝為一星期份再交給病人；出現「服藥月曆」與其他各種容器，提醒病患記得服藥。

倘若想要長命百歲，病患必須自行負起責任，執行醫師吩咐的療法。

從同意到自決

醫師與病患的關係出現變化，進一步影響到「知情同意（informed consent）」。

「知情同意」是醫病之間「獲得（或傳達）充分資訊之後同意接受（提供）治療」的概念，在日本逐漸耳熟能詳。平常簡稱為「ＩＣ」。

補充一點：目前美國醫療院所說到「ＩＣ」指的不是「知情同意」，而是「知情選擇（informed choice）」。病患在獲得充分的資訊之後，從院方提供的療法當中擇一接受治療，而非同意醫師建議的療法。

過去的ＩＣ是由醫師提出多種選擇，說明利害得失，建議自己覺得最好的療法，取得病患同意。「同意」代表病患接受醫師建議的療法。從同意轉換為「選擇」代表病患從醫師提出的數種療法中自行挑選。病人的立場由被動轉為主動，責任比重提高。

院方當然應該尊重病患根據自己的價值觀所做出的決定。然而在美國就醫時，所能選擇的療法往往受到經濟條件限制。

最常聽到的說法是美國不像日本有全民健保，打電話預約看診時，醫院窗口一定會問：「請問您加入的是什麼保險？」因為保險不給付該症況而拒絕看診的情況時有所聞。等於是在購買保險的那一刻就開始選擇療法，還有許多人受限於經濟條件而無法購買保險。

換句話說，知情選擇表面上看起來像是尊重病患的意願，實際上卻是醫療資源受到經濟條件左右。這才是美國令人諷刺的醫療現況。因為醫療費而破產也屢見不鮮。然而美國人普遍（主要是共和黨支持者）認為這是病患個人應負的責任。

美國前總統歐巴馬（Barack Obam，一九六一～）和國務卿希拉蕊・柯林頓（Hillary Clinton，一九四七～）聯手奮鬥，改革醫療保險制度，嘗試將保險制度扎根於社會。

歐巴馬政府的目標並非打造類似日本的國民健保制度，而是立法擴大既有的高齡人口與低收入階層的國民醫療保險適用範圍，嚴格限制民間醫療保險收取高額保費，規定國民有義務加入醫療保險等等。

新的醫療保險制度俗稱「歐巴馬健保」。共和黨總統候選人唐納德・

川普（Donald Trump，一九四六～）的政見是廢除「歐巴馬健保」。他在擊敗民主黨候選人希拉蕊，當上總統之後嘗試取消制度。雖然過程一度失敗，現在又想捲土重來。他想廢除健保的理念在於「自己負責」。共和黨的主張是政府該保護的不是受到社會福利保障的「弱勢族群」，而是建立於獨立自主的自立與自律。

病患也必須思考的時代

相較於美國，日本的健康保險制度基本上不會以經濟條件為由，減少療法的選項（當然日本也有保險不給付的療法，通常價格高昂）。

日本的全民健保始於一九六一年。對於政府而言，規劃健保的財源從國民繳納的保費擴大到稅賦，想必是個困難的決定。我覺得這個制度實在非常完善。

也有部分先進國家用稅金補充健保財源。英國的制度與日本較為相似。英國因為脫歐而社會震盪，如何處理移民的保險成為當前嚴重的社會問題。

日本的健保制度當然也有限制。例如同時接受健保給付與非給付項目的「混合診療」，通常針對該疾病的所有治療項目都必須自費負擔，不得使用健保。這種作法一方面是一種懲罰，目的在於維持全民健保。例外的是牙科，牙科向來接受混合診療。例如假牙的材料除卻保險給付項目，基本上都價格高昂。一般作法是安裝假牙之前的治療項目都是健保給付，只有非健保給付的假牙材料是另外結帳。選擇何種假牙等通常是交給病患個人決定。最近連重粒子射線治療等尖端醫療也出現一些案例，就算選擇一項健保不給付項目，其他健保給付項目還是可以享用健保。

然而日本決定治療方針時，不會像美國一樣強烈受到經濟條件左右。因為日本的醫療狀況還是處於「同意」階段，而非「選擇」。日本的醫病關係至今仍舊傾向「家長式領導（權威者干涉或協助弱者之意，又稱父權主義）」，醫師提出數種選項之後，補充說明「我覺得其中的XX療法最好，最適合你現在的情況」。

反而言之，醫師只是提出所有選項和分析利弊，沒有表示個人意見，大部分的病患反而會忐忑不安，詢問醫師的意見。

儘管如此，現在向病患提出數種療法以供選擇已經是理所當然。現代的醫療風潮不再是一切委任醫師，病患本身也必須自行思考與判斷。

何謂「健康的狀態」？

隨著社會人口逐漸老化，「健康平均餘命」一詞出現得越來越頻繁。這是世界衛生組織提倡的概念，意指「人類除去生病或受傷等失能的期間，得以『完全健康的狀態』生活的平均時間」。

但是究竟怎樣算是「健康的狀態」呢？

世界衛生組織憲章定義健康的狀態是「在身體、精神及社會等各方面處於健全狀態，不僅是沒有生病或不虛弱」。英文原文是「physical, mental and social well-being」。

現在除了這三種「健全」，出現想要追加另一種健全——「靈性（spiritual）」[1]健全的風潮。

「spiritual」和「mental」翻譯成中文都是「精神（上）的」。細分的話，「spiritual」意指「心靈的、理智的、靈性的」，有時還代表「宗教的」。

醫師可以治療「精神」不健康，「靈性（spiritual）」不健康就不是醫療的管轄範圍了。「靈性（spiritual）」不健康或許可以說是心靈深處或是靈魂深處的傷痛，不是服用藥物或是遵從精神科醫師的建議就能康復。這是歐洲近代醫學割捨的部分，過往是由宗教負責。

部分聲音認為除了過往的三種健全之外，必須連「靈性（spiritual）」

1 參考《安寧緩和醫療條例》明定「安寧緩和醫療是為了減輕或免除末期病人的生理、心理及『靈性』痛苦」。

都健全才算是健康的狀態，於是在一九九八年世界衛生大會上提出憲章的修正案。這項討論始於考量人類維護尊嚴與生活品質所需的本質。現行的多數意見認為三種健全便已足夠，並未採納修正案，所以目前的定義還是只有三種健全。

「靈性（spiritual）」健全在考量安樂死、尊嚴死和末期醫療時，都是需要加以討論的重點。

根據世界衛生組織的定義，安寧緩和醫療是「針對面對威脅生命疾病病患與其家屬的一種照顧模式，其目標在藉由早期偵測及周全評估與治療疼痛及其他身體、心理、靈性（spiritual）的問題，預防及減緩痛苦，以達提昇生活品質之目標」。

例如某人接受檢查，發現自己罹患癌症而且已經發展到末期階段。病灶擴散到身體四處，大概只能再活半年。現在的醫生不同於過去，不會動不動就想動手術切除。一般會提出幾個選項，例如「動手術的話，再活五年的機率是這樣」、「不動手術，只接受放射線治療的存活機率是這樣」、「只投藥的話……」、「放射線治療的副作用是這樣，藥物的副作用是……」

年齡是影響決定的要素之一；想好好珍惜最後半年或是幾個月，跟親朋好友度過的人通常不會選擇外科手術；有些人甚至連投藥跟放射線治療都沒有意願，只願意接受安寧緩和醫療。

每個人認定的「健全」都不一樣。賭上性命認定自己「精神（mental）」和「靈性（spiritual）」都健全正是名符其實的「知情選擇」。特別是癌症患者，不少人都曾經面臨這種抉擇。

何謂「人類的尊嚴」？

先進國家討論安樂死時通常著重於二個概念，一是自決權，另一是身為人的尊嚴。

自決權的另一個說法是自我裁量權。這是近代公民社會的原則之一。

每一位公民都是獨立的個人，只要決定不會對他人造成危害，理所當然有權自行決定和裁量命運。一般都認為應當尊重這項原則。然而這項原則是否包括死亡，就議論紛紛了。

另一方面，西歐的傳統概念「身為人的尊嚴本來就不得受到侵犯」不僅出自近代公民的自覺，也源自基督教。根據基督教教義，人類是上帝創造的萬物中，唯一享有特權者。因此人本來就明白自己生而為人的尊嚴。然而身為人的尊嚴要在何種情況下才能確保不受侵犯，或是何種情況會喪失尊嚴則非三言兩語即可解釋完畢。這個問題之所以難以回答在於解釋和判斷會隨時代，甚至是個人而有所不同。

一般日本認為安樂死分為二種，一種是「積極安樂死」，藉由服用或注射致死藥物，毫無痛苦地死去；另一種是「消極安樂死」，指的是末期病患放棄接受或中止維生醫療。消極安樂死又稱為「尊嚴死」。第一線的醫療人員在確認當事人的意願之後，大多會容忍這種死法。

日本有尊嚴死協會，目前推動拒絕過度醫療的運動。作法是註冊成為該協會會員，製作「生前預囑」，表達不願意接受多餘治療。細節留待後文詳述。

尊嚴死協會所定義的尊嚴死是「罹患不治之症的末期病患基於個人意願選擇自然死亡，拒絕目的僅為延後死期的維生治療」。

靈性的（spiritual）健康

日本並未立法通過安樂死和尊嚴死。過去曾有社會運動多次推動立法，卻屢屢失敗。然而如同後文所述，目前的狀態是法官以判例列舉數項阻卻違法事由的條件，默認尊嚴死。

荷蘭和比利時等容許積極安樂死的國家原本適用的對象是肉體承受極大痛苦者，現在則逐漸擴大至靈性（spiritual）承受極大痛苦者（包含沒有實際確認現況加以判斷的案例）。

美國也有類似的案例，詳情留待後文說明。該名病患診斷罹患阿茲海默症後接受積極安樂死（詳情請見第三章）。當時他身體機能尚未受損，日常生活並未受到疾病影響。應當是知道診斷結果便認為自己已經「不健全」了。公開的理由是等到因病失去尊嚴時已經無法自行執行尊嚴死，所以選擇「現在」接受安樂死。

換句話說，該名病患認為等到疾病惡化時可能感覺不到自己「不健全」。失智症這種疾病就是無法理解自己處於「不健全」的狀態。

這個案例之所以受到矚目是因為當事人在意識清醒的階段認為進入無法判斷自己是否健全的狀態是「不健全」，決定在惡化之前結束生命。

前東大教授和評論家西部邁（一九三九～二〇一八）在二〇一八年自殺。原因是長期受皮膚炎與神經痛等疾病所苦，手部機能受到疾病影響，無法自由行動，甚至影響寫作。協助自殺的二位朋友日後因為幫助自殺而遭到逮捕，判處有罪緩刑。

西部是我在東大時的同事，我們沒有私交，辭去東大的工作後也沒見過面。我不知道詳情經過，單憑評論家高澤秀次在週刊《週日每日》發表的文章，感覺他是一個律己甚嚴的人。

他肉體自然是承受極大的痛苦，無法自由行動的痛苦或許更勝於死亡。例如無法流暢書寫對於「尊嚴」造成的傷害可能比旁人所見更為深刻。這是他個人的感受，他人無權批判，我也非常明白這種感受。「肉體的不健康」儘管不會對生命造成威脅，卻嚴重損害「靈性的（spiritual）健康」。我知道自己接下來要說的話有侮辱死者之嫌，但是我無法原諒他害得二個朋友成為「共犯」（實際上以「幫助自殺罪」起訴）。另一方面，他之所以這麼做應該也是反覆深思的結果，不容他人置喙。根據其他人的證言，我感覺西部心中有另一個自我持續凝視自己，冷靜「合理」地判斷像自己這樣的人應當去死。

另一個印象深刻的例子發生在二〇一八年，一名日本女性選擇安樂死。NHK的節目介紹了她死亡的經緯，過程由宮下洋一（一九七六～）詳實記錄，彙整為《接受安樂死的日本人》（小學館）。該名女性五十多歲，未婚，家人只有二個姊姊和一個妹妹。她因為罹患難以治癒的疾病而逐漸失去自由行動的能力。二個姊姊雖然心甘情願照護她，她心中卻總有另一個自我，客觀凝視自己在現實生活中每件事情都必須說「對不起」

與「謝謝」。她想到之後還得麻煩姊姊協助自己排泄，不願意忍受這種未來，於是選擇去瑞士接受安樂死。如此一來，她不會因為想死而給其他人添麻煩（例如西部），也就是沒有人必須因此犯罪。最後她在姊姊的陪伴下，自行實施安樂死。

這二個例子都是拒絕未來必須承受比現在更加強烈的痛苦，而非當下肉體或是精神上的痛苦難以承受。因此可以說是現階段難以承受靈性的（spiritual）煩惱，最後終於下定決心。

自我意識愈是強烈，更直接的說法是愈是愛自己的人，愈是無法從正面的角度想像自己未來一點一滴遭到病魔侵蝕的模樣。無論如何，人類這種生物似乎身體或是心靈獲得滿足的標準愈高，愈是難以忍受「只是活著」的社會或空間。

當醫療能控制傳染病與生活習慣病到一定程度，最後疾病所帶來的痛苦或許是病患無法適應自己所處的社會。

現在日本一年死於自殺者約二萬人，遠多於交通事故的死亡人口。

醫學能治療靈性的（spiritual）健康嗎？倘若能治療，又能治療到什麼地步？

精神科醫師要是願意連同靈性（spiritual）不健全的人都一併治療，相信不少末期病患能因此獲得救贖。這世上當然有精神科醫師做如是想，可惜的是保險等現行制度難以讓醫師發揮所長，進行這方面的照護。

第二章

日本人的生死觀

神話呈現的生死觀

說到日本人的生死觀，經常提到的例子是伊邪那岐與伊邪那美的神話故事。

兩人下凡，繁衍出日本與諸多神明。然而伊邪那美卻在生產火神時因為燒傷而死。

伊邪那岐追隨伊邪那美進入黃泉之國。伊邪那美死後容貌大變，因此要求丈夫不得觀看。伊邪那岐卻打破禁忌，走進妻子所在的建築物，目睹妻子全身布滿蛆蟲，可怖的雷神盤據身體各處。

伊邪那岐大吃一驚，連忙逃走。伊邪那美因而追來。兩人追逐到位於陰陽交界的「黃泉比良坂」時，隔著一塊大石頭對峙。伊邪那美恐嚇丈夫：「我每天絞殺一千名你國家的百姓。」伊邪那岐則回應妻子：「我每天搭建一千五百棟生產用的小屋。」

故事中的陰陽兩地比鄰而居，活人觸碰得到死者的世界。由此可知，陰間與陽間確實接壤。日後佛教傳入日本，帶來陰陽兩隔的觀念。然而現代的日本人還是習慣中元節要點燃迎魂火，迎接祖先回到陽間；中元節即將結束之際則點燃送魂火，把祖先送回陰間。因此日本人心目中的陰陽兩界並未完全分離。

人死了會去哪裡？

世界上各類宗教性傳統都可以說是來生信仰為規範中心。例如但丁（Dante Alighieri，一二六五～一三二一）在著作《神曲》當中描繪「三界」——天堂、煉獄與地獄，內容栩栩如生，是描繪死後世界的傑作。然而要說基督教的本質是三界，卻不見得是肯定的答案。耶穌的教誨的確出現過「天堂」、「地獄」等言詞，卻未曾具體描述死者的靈魂在這些地方怎麼生活。宗教所規範的「來生」是肉體死後，人類依舊存在——這種情況通常稱為「靈魂」或是「魂魄」。換句話說，我認為這就是主張人類是由「靈魂與肉體所組成的二元論」。這項主張討論死後世界之前，應該是著眼於活著的人。

順帶一提，近世西歐哲學之祖笛卡兒（René Descartes，一五九六～一六五〇）認為擺脫宗教的框架，便可以用「心物二元論」證明人類（我要強調一下是指「活人」）存在。儘管他證明的過程直到今日依舊通用，我不認為這和「心物二元論」成為一般概念有絲毫關聯。

現在許多日本人認為自已沒有宗教信仰，這些人又是抱持什麼樣的生死觀呢？

有多少人相信來生呢？又有多少人認為死了就一切皆空呢？靈魂離開肉體還能存在嗎？人死了究竟會去那裡呢？

現在聽到「你認為自己死了之後，靈魂還會存在嗎？」這種問題，應該沒幾個日本人會肯定地表示「會」吧！

國學院大學二一世紀COE專案「日本人的宗教意識與神明觀念輿論調查」（二〇〇三年）發現認為「人有來生」者不過百分之十五點九，是少數派。

然而人類的心靈分為有意識與近乎無意識的潛意識。我認為人類的潛意識並未完全否定靈魂的存在。

這些認為「沒有來生」的人家裡還是有佛龕或神桌，習慣祭拜祖先。例如到了中元節會點燃迎魂火，舉辦中元法會，迎接祖先等等。等到中元節結束，又點燃送魂火，把祖先送回陰間。這當然可能只是惰性的習慣。然而人類心中的確存在著一些莫名的念頭阻止自己認為這種習慣沒有意義，應當馬上停下來。

這是因為我們心想自己或許真的能和死者的魂魄交流。

大多數的日本人都沒有明確的信仰，卻莫名相信世上存在超越人類理性的世界。

大多數人都缺乏「生死觀」

「生死觀」如同字面所示，代表一個人如何認知生與死。現在媒體用這個詞用得理所當然，我卻多少有些遲疑。

這是因為我意識到自己對於死的概念會受情況左右，又如同前文所述，靈魂是否存在應當與死亡分開討論或思考。或許有人會反駁我「生死觀」指的不僅是「死」，還包括「生」的觀念。然而在我眼裡，生死觀一詞給人的感覺都著重於「死」。

現在流傳的生死觀一詞，指的多半是社會中的個人如何看待自己的死亡，或是認為應該如何生活等個人的感受。

然而現實生活中，究竟有多少平凡度日的普通人抱持能稱為「生死觀」的具體想法呢？

我認為實際上大部分的人都沒認真想過這件事情。

往往是不幸受重傷、罹患重病或是失去親愛的家人等被迫面對死亡時，而且還得是時間寬裕、心有餘力的人才能如同後文所述，開始深入思考死亡和人生的最後一段歷程。我認為人是要在這種時候才會思考生死觀，甚至覺得沒機會苦思就死去才是真正的幸福。

原本所謂的生死觀應該是群眾的想法匯集而成的結果。過去「生死觀」一詞是用在「以伊邪那岐與伊邪那美的神話為例，古代的日本人抱持這種生死觀」、「江戶時代的庶民應當是抱持這種生死觀」等等。

相信有些人能回答自己的生死觀究竟為何，只是我認為生死觀一般不是用來稱呼個人的看法。

中世與江戶時代的生死觀

提到中世時代日本人的生死觀，經常以書籍《往生要集》為例說明。《往生要集》的作者是平安時代的僧侶源信（九四二～一〇一七）。

該書引經據典，教導民眾佛教如何看待死亡，同時奠定淨土宗的基礎。開頭詳盡描述八個地獄——等活、黑繩、眾合、叫喚、大叫喚、焦熱、大焦熱與無間——的大小以及墜入該地獄的罪人又是遭遇何種待遇。八個地獄有四個門，門外有附屬的十六個小地獄。內容具體詳細，令人不忍卒讀。

簡而言之，作者以文字詳盡說明生前貪婪或是殺人等做了壞事的人，死了會下地獄，在地獄裡又會受到何種懲罰。

僧侶面對百姓講道說法時，似乎也常常參考《往生要集》描述的地獄舉例說明。對於文學、繪畫與戲劇也帶來深遠影響。

當時百姓受到的教育是地獄很可怕，所以不可以做壞事；念佛便能前往西方極樂世界。生活方式受到死亡左右。

《葉隱》也是膾炙人口的作品，完成於江戶時代中期。由山本常朝（一六五九～一七一九）口述，田代陣基（一六七八～一七四八）記錄。二人都是龍造寺藩的正統傳人佐賀藩主鍋島家的家臣，因為意氣相投而合作寫下此書。

開頭「武士道是受死」一文膾炙人口。內容描述武士的「生死觀」是「每天早晨不得懈怠，應當體驗一次死亡」。

由於內容偏離當時主流的武士道，又批評佐賀藩的新體制，原本視為禁書。然而稍微翻閱便能發現內容其實與世人的認知天差地別。書中列舉大量日常生活的情況，傳授身為武士必須注意的事項。例如要隨時把自己打理乾淨，每天早上都該梳頭，也要更換內衣等等。因此現代人讀了也會覺得很有意思。與其說是討論「死亡」，不如說是著重於「怎麼活」。在我眼裡，不是一般印象中以「死亡」為主題的作品。常朝精通佛法，所以也了解佛教的「死亡觀」。然而《葉隱》的內容卻從頭到尾都「世俗」得不得了，包含大量人生所需的生活智慧。

《葉隱》與《隨筆集》

雖然有些離題，不過我每次讀《葉隱》時必定會想起蒙田（Michel de Montaigne，一五三三～一五九二）的《隨筆集》。這部作品並非蒙田特意規劃之下的結晶。書如其名，匯集他隨意抒發心情所寫成的文章。有機會時又推敲刪減或是增加篇幅，最後集結成冊。此書因為編輯方式而內容多元，相當特殊。近代之後成為「思索者（moraliste）」的代表作品。思索者是一群法國特有的知識份子。

「ΦBK」是三個希臘字母，並排時在美國卻帶有特殊的意義。美國有數所建立於殖民地時代的大學，其中歷史僅次於哈佛大學（Harvard University）的是一六九三年成立的威廉與瑪麗學院（College of William & Mary）。喬治・華盛頓（George Washington，一七三二～一七七九）曾經擔任該學院的校監，湯瑪斯・傑佛遜（Thomas Jefferson，一七四三～一八二六）、詹姆斯・門羅（James Monroe，一七五八～一八三一）等歷任美國總統也都是該校的校友。考試時無人監考的「榮譽考試制度（honor system）」也是始於該校。一七七六年成立了名為「Phi Beta Kappa（即ΦBK）」的俱樂部，只有該校畢業生中畢業成績占前方排名數個百分比的優秀學生方可加入。美國其他的大學後續也出現類似的俱樂部，同樣多半是以希臘文字命名，因而統稱為「希臘文字聯誼會（greek letter fraternity）」（**台灣一般稱為大學聯誼會**）。

回到正題，究竟何謂「思索者」呢？思索者一詞原文直譯為「道德家」，在這裡的意思卻大相逕庭。歐洲哲學史經常以「Phi Beta Kappa」三字簡稱「Φιλοσοφία Βίου Κυβερνήτης（Philosophia、Biou、Kybernētēs）」，意思是「順利掌握人生之舵的哲學」。順帶一提，諾伯特・維納（Norbert Wiener，一八九四～一九六四）發明的概念「模控學（cybernetics）」便是來自「Κυβερνήτης（Kybernētēs）」。他嘗試以「掌舵」一詞說明「透過資訊交流，人工操作系統」。

內容又偏離了主題。總之上述的哲學更為世俗日常，應當說是「生活指南」，完全不同於柏拉圖（Plátōn，前四二七～前三四七）開啟的「關注靈魂」等嚴肅深遠的哲學印象。從古羅馬時代的哲學家西塞羅（Marcus

Tullius Cicero，前一〇六～前四三）、塞內卡（Lucius Annaeus Seneca，前四？～後六五）、賀拉斯（Quintus Horatius Flaccus，前六五～前八）等人身上可以找到思索者哲學的原型。之後蒙田、沃維納格侯爵（Luc de Clapiers, marquis de Vauvenargues，一七一五～一七四七）、拉羅希福可（François VI duc de La Rochefoucauld，一六一三～一六八〇）、拉布魯耶（Jean de La Bruyère，一六四五～一六九九）等思索者派的哲學家特意與基督教、神學等當時歐洲傳統哲學的死硬考察保持距離，改以智慧、幽默、諷刺與揶揄表達如何活得自在，死得隨心所欲。這種作法形成法國特有的一行人——思索者的傳統。

蒙田的《隨筆集》廣泛討論死亡，嘗試以「輕鬆」的態度、略微諷刺的觀點回答如何面對死亡。現代人可以從《隨筆集》中一瞥近代初期歐洲社會的「生死觀」，也能從中找出與《葉隱》共通的觀點。

不同的時代與社群，各自有其記錄生活智慧的書籍。書籍中列舉大量案例，方便讀者掌握何謂死亡與如何迎接死亡。

讀者可以因應社群的情況，在各類文獻中找出適合自己的人生指南。

例如武士是透過《葉隱》等書籍建立起武士精神，了解平常該如何生活以及在何種情況必須赴死等等。

不同時代的不同文化圈都曾經出現對於生死選擇的試探：倘若眼前有兩種死法（或活法），你要選擇哪一種？

但丁在《神曲》當中描述自己在黑暗的森林迷路時，遇上古代羅馬詩人維吉爾（Publius Vergilius Maro，前七〇～前一九），在他的帶領下遊覽地獄、煉獄與天國。此書也可以說是描述了當時的一種生死觀。

死亡近在咫尺

解讀古代書籍呈現的生死觀會發現過去與現代最明顯的差異在於以往死亡近在咫尺，伸手可及。

無論是《往生要集》、鴨長明（一一五五～一二一六）的《方丈記》

還是薄伽丘（Giovanni Bocacciom，一三一三～一三七五）的《十日談（Decameron）》，書中都描述了遺體無人埋葬，曝屍路旁，遭到犬隻或是烏鴉啃食的景象。

近代之前，天災是一大死因。例如江戶時代至少發生過三次大饑荒，眾多百姓因此餓死。就連明治時代也曾經發生過冷夏導致稻米歉收。地震、火山爆發、河川氾濫也屢屢打擊人民的生活。

人口短期間大量消失的另一個原因是傳染病。史書上記載的「疫癘」很難確認相當於現代的什麼疾病，例如現代人說的「流行性感冒」也算是疫癘的一種。「流行性感冒」原本是拉丁文「influentia」。學過英文的人都知道，提到「influence」一字，第一個浮現腦海的意思便是「影響」。這個字原本的意思是「流入」，天體運行「流入」地表或是人群，對人體帶來負面「影響」。鼠疫、天花都是致死疾病，霍亂等消化道傳染病也奪走了許多條生命。漢生病雖然是慢性疾病，潛伏期長，卻會緩緩侵襲身體功能與外表。在發現有效療法之前是最令人望而生畏的疾病之一。從日本社會過往的對待漢生病患者方式可知病患長期受到歧視。

鼠疫全球大流行不知為何總以歐洲各國為主，並未擴散至日本。順帶一提，薄伽丘在《十日談》的序言中提到十四世紀的疫情，丹尼爾．笛福（Daniel Defoem，一六六〇～一七三一）的《大疫年日記（A Journal of the Plague Year）》記錄了十七世紀的疫情，至於記錄十九世紀末期疫情的則是卡謬（Albert Camus，一九一三～一九六〇）人盡皆知的作品《瘟疫（La Peste）》。

十九世紀的鼠疫全球大流行對日本或多或少有些影響。儘管當時死於鼠疫的人數並不多，卻以疾病媒介為由而開始撲殺老鼠。東京市（**當時的行政區劃為東京市，相當於現在的東京二三區**）曾經制定條例，以一隻五錢的金額鼓勵民眾捕殺。

落語大師第三代三遊亭金馬（一八九四～一九六四）的拿手段子《傭人假期》中提到主角龜吉工作三年後第一次休假回家，父母發現他錢包裡居然有大面額的紙鈔，非常擔心他是不是做了什麼壞事。聽到那是抓老鼠領到的賞金，於是鬆了一口氣。這個故事正是發生於鼠疫即將傳入日本的時代。

疾病、饑荒與其他天災造成人口大幅減少。現代人掛在嘴邊的「百歲社會」對於當時的人而言，是無法想像的夢幻世界。

一九四七年時，第二次世界大戰方才結束。當時日本人的平均壽命約五十歲，和織田信長（一五三四～一五八二）吟詠「人間五十年，天上一日」時相差無幾。

無處傾訴老去的痛苦

日本有所謂的「棄老（捨姥）傳說」。

深澤七郎（一九一四～一九八七）的小說《楢山節考》（新潮文庫）由導演今村昌平（一九二六～二〇〇六）改編成電影，狂言流派之一的野村家也把該篇小說改編成新戲碼〈楢山節考〉。故事內容描述兒子為了減少家計負擔，逼不得已只好把高齡的母親丟到山裡，任其自生自滅。故事有好幾個版本，主要結局都是最後子女回心轉意，把父母接回家中。日本各地都有類似的傳說跟相關的地名。

此類棄老傳說想必不只是故事，應該也有些老人不想再給家人添麻煩，又不忍心叫孩子丟棄自己，選擇自行走進山裡等死。

我知道接下來要說的話很冷酷無情，然而長命百歲的人瑞很清楚自己對於家人而言是沉重的負擔。

以知名的歌人山上憶良（六六〇？～七三三？）為例，他以古人而言算是相當長壽，活到七十三、四歲。日本的詩經《萬葉集》收錄了他哀嘆年老的和歌與文章。

他痛切描述自己老態龍鍾還遭受病魔折磨，「如同傷口撒鹽，如同已經馱負重物的馬背上又加了行李」。這段和歌超越一千多年的時空，讓我對奈良時代的歌人產生共鳴（《萬葉集》第五卷，編號八九七。標題是〈身老病重，經年辛苦，及思兒等歌七首〉，內容描述人世間憂傷痛苦如同在傷口上撒鹽，又如同原本馱負重物的馬背上再添加行李。本已垂垂老矣，倘若又罹患疾病……）。

現代社會不允許老人家訴苦。老人家不應該覺得年歲增長是件痛苦悲傷的事，就算懷抱這種想法也不得在公開場合說出口，這種心態不得成為社會常識。這是因為「弱勢族群」應當受到社會福利充分保障，社會上不應該出現「弱者」。

死亡一定是壞事嗎？

我們生活在這個時代，對於死亡的看法與古人明顯大相逕庭。「弱勢」到底的結果是「死亡」。這對於活著的人而言是「絕對的惡」，應當要完全避免。醫師也不得有延長病患壽命以外的想法。這種想法已經成為不可動搖的表面共識。

我認為這是因為戰爭結束後，日本社會的價值觀產生一百八十度的轉變。

第二次世界大戰時，許多人，尤其是年輕人服膺「生命輕如鴻毛」的價值觀，為國捐軀。《葉隱》等書籍描述的武士生活也遭到政府曲解利用，煽動民眾參與戰爭。

等到戰爭結束之後，眾人因而深切反省，強烈反彈，影響社會深遠。某屆總理大臣為了拯救遭到恐怖份子綁架的人質，甚至說出「人類的生命重於地球」等不可思議的藉口。

把死視為「絕對的惡」，無論是何種狀況都應當避免死這種結果——這種價值觀促使我們思考如何將死轉為生，同時在醫學技術日新月異進步之下，做出多活一天也好，活著才是「絕對的善」這種結論。

歐洲各國與日本相同，許多國民因為戰爭而犧牲，卻還是不會提出「國家價值勝於個人生命」這種主張。這些國家原本出於宗教禁忌而反對自殺，現在對於安樂死的態度卻比日本還寬容。或許是因為他們沒有「死亡是絕對的惡」這種價值觀。

現代人越來越少送終的經驗

家母享壽一〇六歲，家姊在家母九十五歲時早一步過世。子女比父母早逝，一般習俗是白髮人不能送黑髮人。當初家姊過世時，我十分擔心家母的精神狀態。

畢竟家姊與家母都是女性。儘管家姊遠嫁異國，偶爾才回國的期間很長，家母應該還是很仰賴她。我認為家母恐怕難以承受女兒過世的傷痛。

然而實際情況卻令我大吃一驚。雖然這個說法不好聽，不過家母一副若無其事，泰然自若的模樣。她當時雖然將近一百歲，頭腦還很清楚，沒有任何失智症的症狀，情緒上也沒有問題。

我在醫院送走家姊，回家向家母報告姊姊過世時，她沒有流露一絲一毫動搖的表情，只是沉默了一會兒。喪禮時她坐在輪椅上出席，前來弔祭的賓客紛紛慰問，她也是堅強回應，沒有流下一滴淚。回到家之後，馬上恢復正常生活。

我曾經想過家母究竟為何能如此平心靜氣？難道人年紀大了，面對親人死亡就能冷靜自持嗎？家母原本就個性堅強剛毅。家父年紀輕輕便突然過世，當時也不曾看到她哭泣。家姊確定罹患乙狀結腸癌之後，比醫師宣告的剩餘壽命還多活一年。家母大概在這多出來的一年之間做好心理準備。

大受歡迎的男高音藤原義江（一八九八～一九七六）和藤原亞希（一八九七～一九六七）結婚之後，表示亞希好好「教導」了他這個野人一番。第一件事情是「早上翻開報紙要從訃聞欄開始讀起」。現在要我每天先從報上的訃聞欄開始看起，有點痛苦。看到比自己年紀小得多的人死於肺炎或是和我一樣罹患癌症卻撒手人寰，心情總是難以言喻。

然而仔細想想，看著比自己年輕的人陸續離開人世，或許能逐漸接受總有一天會輪到自己。對於家人來說也是一樣。活得越久，不免會遇上身邊的人過世。

家母出生於明治時代，兄弟姊妹多達十人以上，其中有些人一出生便夭折，我連對方的名字都不知道。家母最後活過一百歲，其他兄弟姊妹都早他一步撒手塵寰。家母面對女兒過世仍舊平靜自若，或許是因為在此之前已經送走了多名近親。

反而言之，現代人因為少子化與小家庭化的影響，所謂的近親人數大幅減少，也沒什麼機會體驗身邊的人過世是怎麼一回事。例如從鄉下到城裡工作，結婚生子，當接到老家通知家人即將過世，往往趕回家時已經來不及見上最後一面，甚至已經火葬完畢，連骨灰都沒機會看到（**日本人習慣在過世三天之內完成喪禮與火葬**）。

就算這個例子太極端，現代人的確越來越少送終的機會以及親眼目睹死亡的過程。

所謂的死別，除了意外或天災等特殊場合，一定是線性過程，而不是點的事件。然而現在家人過世往往成為短暫的點，死亡逐漸成為超脫日常生活的特殊事件。

換句話說，過去為身邊的人送終是件普通的事。經歷幾次之後，自然明白自己有一天也會成為其中一份子。因此過去死亡是生活的一部分，現在卻成了異乎尋常。

家母晚年時，我盡量避免出差。不得已為了經濟合作暨發展組織等工作出國開會時，總是儘量縮短滯留巴黎的時間。聯合國教育、科學及文化組織旗下的某個委員會看我是委員當中距離會議地點最遠的人，特意把會場安排在戴高樂機場中的飯店。會議結束後，我連巴黎的街道都沒踏上一步，旅程就在機場到機場之間結束了。家母過世時，我不巧正在外頭工作。接到通知馬上從辦公地點趕回家，卻還是沒能見到她最後一面。

她過世當天早上也與平常一樣，在自家和我們一起生活。她沒有罹患疾病，至少肉體不曾承受病痛，最後撒手人寰時應該也沒有遭受多少痛苦。身為兒子，我覺得自然死是很幸福的死法。倘若家母的案例變得理所當然，「百歲社會」絕非不幸的時代。

個人的生死觀

日本之所以步入所謂「百歲社會」的超高齡社會，理由不僅是醫療技術進步。

現在銀髮族開車引發交通事故一事成為社會問題。然而死於交通事故的人數明顯減少，二十五年前是一年超過一萬人，現在則是減少到三千人左右。除此之外，解決貧困問題與建立社會福利制度等要素都在在延長了日本人的平均壽命，成為全球屈指可數的長壽大國。這個國家七十年以來都沒有直接參與戰爭，不曾犧牲年輕人的生命應該也是原因之一。

院內死亡和院內出生經常相提並論，代表不僅是死亡，連生產也從自家轉移到醫院，生死兩者都遠離日常生活。

新生兒與幼兒醫療進步也是日本人平均壽命逐漸延長的原因之一。日本新生兒與幼兒的死亡率在全球是數一數二的低。政府對於孕婦也提供充分的社會福利。所以平均壽命延長不單單只是老人家變多了而已。

儘管如此，現在日本的人口金字塔卻不是幼齡人口較多的三角形或是青壯年人口較多的甕形，而是越往上越擴張的倒三角形，高齡人口明顯增加。嬰兒潮世代在二〇二五年邁入七十五歲，成為所謂的「後期高齡者」。到時候高齡人口會增加至三千五百萬人，占日本總人口的三分之一。

現代高齡人口近半數是死於癌症。本來以為自己老死不了，有一天卻突然檢查出癌症，受到醫師宣告：「你接下來能再活三年的機率大概是這麼高。」剩下來的三年該怎麼生活，又該怎麼與親朋好友告別，都是必須深入思考的問題。正因為如此，我們活在現代，無論願不願意都得建立個人的生死觀。

相信不少人認為自己沒有信仰，覺得「人死了一切皆空」。然而就算不相信人會投胎轉世或是還有下輩子，有些人還是會希望自己的身影能留在他人的記憶中，因而留下文字或是影片。現在流行起「臨終活動」，鼓勵大家為臨終做準備。因此開始寫遺書的人明顯增加，透過遺書交代自己過世後要聯絡誰，喪禮該如何辦理或是不需要喪禮，直接把骨灰撒在某處等等。現在銀行因為利息低，很難從個人戶身上賺到錢，於是改為代辦遺書等手續，賺點手續費。

當事人與家屬的認知差距

另一方面，當自己罹患疾病，進入末期階段時，必須事前具體規劃想怎麼離開人世。

〈前言〉提到內閣府針對高齡人口進行概念調查，發現六十五歲以上的長者當中回答「不想接受目的為延後死期的維生治療，一切順應自然」者高達百分之九十一點一。這個數字實在高得驚人。

然而該調查的另一個問題——倘若家人罹患不治之症，死期將近，你會希望他接受延後死期的維生治療嗎？調查結果卻有些差異。

回答「不希望家人接受目的為延後死期的維生治療，一切順應自然」者為百分之七十三點七，相較於當事人的意願，減少了將近二十個百分比。至於回答「希望家人接受各種治療，儘量延後死期」者增加至百分之十四點七。

相信不少人不願意接受違反自然的維生治療，卻期盼家人接受各種療法，希望對方多活一天是一天。有些人則是親眼目睹家人臨終痛苦的模樣，結果脫口而出要求醫師全力救治，導致結果違反當事人意願。正因為家屬與當事人之間存在認知差異，更需要明確表示自己究竟想怎麼走完人生的最後一段路。

由此可知，不願意接受維生治療者超過九成不過是場面話。我認為第一線的醫療人員不可能依照場面話行動。就算一般社會大眾的共識是拒絕維生治療，第一線的醫療人員還是有些難以接受。

所謂難以接受是指開始維生治療後基於病患或家屬的意願而中止。日本醫師會的生物倫理懇談會在二〇一七年提出的回覆（「超高齡社會與末期醫療」）中列舉多項案例，例如二〇〇七年之後未曾發生類似射水市民醫院事件等受到媒體大幅報導的案件；ＮＨＫ大方播放病患經由正式步驟移除人工呼吸器的影片，相關人士並未因此受到警方調查等等，表示現狀已經進步到遵守相關機構所制定的指南行動，便能免除刑責。然而實際參考判例卻發現醫師選擇不進一步治療或是中止治療，還是可能遭到檢方以殺人罪起訴或是遭到遺屬控訴。

倘若難以中止治療，還有「不要開始治療」這個選項。例如醫師早期發現該療法沒有任何功效，不過是延後死期時，應向當事人或家屬詳盡說明。雙方取得共識後，由當事人或家屬選擇不要開始。

面對相同情況，八十歲和一百歲的人所做出的決定想必不同。雖然每個人情況不同，不可一概而論，這種作法現在逐漸普及。

如何找到值得信賴的醫師？

我在七十八歲時確診罹患攝護腺癌，主治醫生毫不猶豫，開口就說：「癌症很明顯已經擴散到其他地方。你也這把年紀，就不動手術了。」我雖然因為醫生毫不保留而大吃一驚，卻也覺得俐落痛快。「組織切片檢查的結果發現癌細胞來勢洶洶，已經在骨骼發現好幾個轉移的病灶。我會使用我認為最有效的療法，但是不實際試試不能保證到底有沒有效。順利的話，你可以再活五年吧！要是不順利，我們再來看看要怎麼辦。」當時顯示癌細胞數值的攝護腺指數（PSA）高達六百（正常人的上限是四點〇），十分罕見。

當下我除了點頭稱是之外，說不出其他的話。

家父是醫生，我又長年研究科學史與科學哲學史，自認比起一般病患是多了點醫學知識。然而我長期以來主張病患也需要教育才能當一個好病人，因此以病患身分面對醫師時，我不會想以自己半吊子的醫學知識來挑戰醫師。

例如醫師以年齡為由拒絕手術，腦海中當下閃過倘若堅持動手術會產生什麼樣的結果？動手術是否有機會根治？如果反而惡化的話，又是怎麼個惡化法？醫師推薦的療法究竟是什麼樣的療法？有哪些副作用？聽說最近研發出把微小放射源植入體內的療法，獲得醫界推薦。我可以使用這種療法嗎？癌細胞擴散到骨骼是否代表也擴散到其他地方？可以使用重粒子射線治療嗎？儘管想到這麼多問題，但是我最後一句話也沒問出口。

我當時的態度是走到這一步之前，我已經在其他全面問診的場面說明了自己的意願，也簡單交代想如何面對疾病，以及今後的工作與生活方式。我相信醫師會尊重我的意願，也接納自己信賴的醫師所提出的意見。

我不認為其他人應當採用和我一樣的作法。覺得有問題想問就問，不想當場馬上做決定，想聽聽其他醫師意見的人依照自己的心意行動即可。反而言之，如何找到值得信賴的醫師十分重要。畢竟不可能當下判斷初次見面的醫師是否值得信賴。然而我相信找到該名醫師的過程，所以把自己託付給醫師。倘若我不信任該名醫生，大概會問東問西吧！

需要的是包容

無論如何，從客觀的角度來說，我當時採取的態度是接受醫師的家長式領導[2]。我平常基本上是反對家長式領導的。然而在特殊的情況下，例如搭飛機或是教育、醫療第一線應當尊重專家權威的意見。然而現代社會有許多人想要自己決定一切。我認為也必須接納這些人的想法，而不是單方面地否定。

安樂死與尊嚴死也是一樣的道理。現在傾向尊重當事人的意願，全面否定這種風潮則是錯誤的作法。

關於安樂死與尊嚴死的看法留待其他章節說明。我認為現代社會應當採取包容的態度，或說是度量，承認世上有人認同安樂死與尊嚴死，尊重這些人的意願。

最理想的狀態是年輕的夫妻或是親子等家人之間能在聊天時討論這些話題。藉由對話了解對方的意願並不代表所有問題便能迎刃而解，但至少能解決部分難題。

根據厚生勞働省針對「人生最終階段之醫療是否曾和家人商量？」的概念調查，百分之五十五點九，也就是半數以上的人完全未曾和家人討論過後事（《人生最終階段之醫療概念調查報告》，二〇一四年）。

2 維基百科：家長式領導（英語：paternalism 或 parentalism，又稱家長式作風、家長式管治）是一種行為，由個人、組織、或國家，圖以替一些人或群體的好處設想，去限制該些人或群體的自由或自主權。

我們每個人都可能生病。今天得意洋洋，炫耀自己身強體壯的人可能明天就罹患疾病，或是遭遇事故，身受重傷，危及生命。

大家應當站在總有一天會生病的角度思考，而不是以「不吉利」為由逃避。當眼前的生活因為意外或疾病而天翻地覆時，自己該怎麼做？無法溝通時，希望其他人如何應對？我認為夫妻、親子或是家人之間能討論這個話題是再好不過了。

更進一步的理想作法是留下文字紀錄，而非單純的口頭表達。倘若真心希望旁人尊重自己的決定，應當留下關於死亡意願的文件。這份文件不僅是留給家人，還必須通知醫療團隊等第三人。這是個每個人都必須具備自我生死觀的新時代。

第三章

我們能決定怎麼死嗎？

世界各地的安樂死現況

進入二十一世紀，世界各地關於安樂死的狀況也出現劇烈變化。首先是許多國家開始接受安樂死或是醫助自殺（Physician Assisted Death, PAD）。

醫助自殺是由醫師對放棄治療，選擇死亡的末期病患處方致死藥物或是給予致死方法，由病患自行執行。

這裡的「安樂死」指的是醫師直接投下致死藥物。如同第一章所言，日本把這種方式稱為「積極安樂死」，依照病患的意願中止維生治療的稱為「消極安樂死」。「消極安樂死」一般又稱為「尊嚴死」。

全球第一個立法通過安樂死的國家是荷蘭，在二〇〇一年通過醫助自殺與安樂死的相關法案。比利時、盧森堡和荷蘭並稱比荷盧聯盟，關係密切。荷蘭立法之後，比利時與盧森堡也隨後跟進。比利時的法律雖然沒有醫助自殺的相關法條，不過認可醫助自殺屬於安樂死（松田純《生死自決：安樂死的全球現況》，**中文版由行人出版社出版**）。

加拿大於二〇一六年通過《安樂死法》，允許安樂死與醫助自殺；位於南美的哥倫比亞也於二〇一五年允許兩者。

美國則是奧勒岡州、加州等九個州和首都華盛頓立法或是藉由判例認可醫助自殺。其餘還有十九個州正在審查法案。

澳洲的維多利亞州在二〇一九年允許醫助自殺。另外，媒體報導紐西蘭將由國民公投決定安樂死法案。

瑞士雖然沒有制定安樂死的專法，但是可以合法執行醫助自殺。關於瑞士的詳情留待後文說明。

至於亞洲，台灣和韓國已經立法通過日本所謂的「尊嚴死」（中止維生治療）。

美國允許尊嚴死

一九七五年發生的凱倫事件對美國的安樂死與尊嚴死立法帶來深遠的影響。

這起事件發生於紐澤西州，當時二十一歲的學生凱倫．奎蘭（Karen Quinlan）在派對上喝酒後陷入昏迷狀態。她有服用鎮定劑和麻醉藥的習慣。回家之後依舊不曾清醒，因而送往醫院急救。醫師診斷的結果是「持續性植物狀態」，裝上維生裝置（人工呼吸器與供給營養的管子）。

凱倫父親看到女兒過了好幾個月都沒有康復的跡象，於是要求移除維生裝置。醫院拒絕父親的要求，他因而提告，訴訟一路上告到紐澤西州的最高法院。

凱倫昏迷之前並未留下生前預囑，成為植物人之後更無法表達個人意願。因此最高法院允許凱倫父親擔任她的代理人，挑選主治醫師。凱倫的父親是天主信徒，訴訟的主張主要根據教宗庇護十二世（Venerabilis Pius PP. XII，一八七六～一九五八）在一九五七年對醫師的講話（收錄於《宗座公報》）：「不應採取不自然的治療方式」，法院也認同他的主張。最高法院判決凱倫父親可以挑選醫療機構。倘若該醫院決定移除維生裝置並執行，法院不會因此對父親和院方問罪。

儘管最高法院判決凱倫父親可以擔任凱倫的代理人，院方依舊拒絕父親的要求。雖然最後移除了人工呼吸器，凱倫卻恢復自主呼吸，在持續補給人工營養之下又活了將近十年，最後死於肺炎。結局完全出乎眾人想像。

凱倫事件的訴訟焦點在於父親是否可以擔任病患的代理人。要是一開始就知道凱倫的意願，事情就不會變得這麼複雜了。

由於這起判例，美國逐漸接受尊嚴死，也就是不對末期病患採取積極治療，進而導致目前美國的不積極治療和自然死幾乎同義。

美國醫助自殺的先驅是傑克・凱沃基安（**Jack Kevorkian**，一九二八～二〇一一），他因為長期協助渴望自殺的人而廣為人知。他認為〈希波克拉底誓言〉這種來自傳統西歐的醫師職業倫理，強調「我不得將危害藥品給予他人，有人請求亦必不與之」是「化石時代的觀念」。由此可知，他是基於自己的信念而甘冒風險犯法，此作法帶給眾人衝擊。

凱沃基安在一九八七年開發了以點滴協助自殺的機器「死亡機器（Thanatron）」，把點滴的針頭打進決定自殺的當事人靜脈中，由當事人按下開關。第一階段是注入生理食鹽水，在此階段還有中止的機會。第二階段則是注入麻醉藥戊硫代巴比妥（Thiopental）。戊硫代巴比妥不僅用於全身麻醉，美國執行死刑之前也會對死刑犯施打戊硫代巴比妥，讓犯人失去意識。到了這個階段進入「回不去的臨界點（point of no return）」。

當事人陷入昏迷之後，藥物自動切換成氯化鉀，迅速致死。

凱沃基安第一個病例是前文稍微提及的四十多歲阿茲海默症女性患者。該名病患在選擇醫助自殺時，尚未出現嚴重症狀，也就是肉體並未承受難以忍耐的痛苦。凱沃基安對照自己的選擇對象原則，承認對方「的確不是最合適的對象」。然而在病人家屬強力支持和客戶本人心意已決等客觀因素，最後判斷不得不為。

凱沃基安為了宣傳自己的信念，普及醫助自殺，拍下俗稱「漸凍人」的肌萎縮性脊髓側索硬化症（amyotrophic lateral sclerosis，ALS）患者接受醫助自殺的情況，並且在電視節目上公開播放。

因為疾病症狀是逐漸失能，病患在第二階段無法自行按下開關。換句話說，所有動作都是由凱沃基安代為執行，因此遭控一級謀殺罪（預謀殺人），後來改為二級謀殺罪（非預謀殺人），判處無期徒刑。

他出獄之後，醫師執照遭到吊銷，無法取得戊硫代巴比妥，因此開發了使用一氧化碳協助自殺的機器「慈悲機器（Merciton）」。慈悲機器的原文包含「mercy」一詞，字源是拉丁文的「報酬」，衍生出「慈悲」之意。他取「神的報酬、恩寵」之意為這台機器命名。

順帶一提，英文有時會稱醫助自殺為「慈悲殺人（mercy killing）」。

荷蘭國民對於安樂死的討論

荷蘭是安樂死的先驅，一九七一年發生的波斯特瑪事件引起社會大眾討論這個議題。

女醫波斯特瑪（Geertruida Postma，一九二六～二〇一四）的母親高齡七十八歲，因為罹患腦部疾病而半身不遂，屢次嘗試自殺，並且持續懇求女兒「讓我死了吧！」波斯特瑪本來拒絕母親苦苦哀求，最後還是因為對方三番兩次訴苦而施打了足以致死的嗎啡。

照護波斯特瑪母親的設施控告玻斯特瑪，她因而遭控同意殺人罪。法院雖然認定有罪，卻僅判處有期徒刑一星期，緩刑一年，判刑輕微。

法院針對此一判例舉出四個得以免除醫師刑責的條件：①病人罹患醫學上認定為不治之症的疾病；②病人身體或心理承受難以忍受的痛苦；③病人明確表示希望終結生命；④經過多名專家認可，而非一名醫師單獨判斷。

波斯特瑪事件的判決結果促使荷蘭社會開始討論安樂死議題，刺激社會大眾從各種角度思考安樂死一事，判刑輕微一事也遭到批判。

原本輿論調查的結果是願意接受安樂死者不過一成左右，到了二十世紀末願意接受醫助自殺或是安樂死者增加到超過九成。

荷蘭醫學會本來採取反對的立場，之後也轉為允許罹患不治之症的病患主動提出要求時，醫師可以處方嗎啡等緩解疼痛的藥物，就算可能因此縮短病患的壽命也無妨。二〇〇一年，議會通過醫助自殺和安樂死的法案，前提是必須符合嚴格的條件。

波斯特瑪事件的特殊之處在於注射嗎啡的人不僅是醫師，還是病患的女兒。親生女兒恰好能協助母親求死並不常見。照理來說，一般醫療人員都會儘量避免與親人成為醫病關係。

瑞士是由非營利組織（NPO）主導

相較於其他國家，瑞士的制度較為特別。瑞士和荷蘭的差異在於並未經歷大規模的公民運動與法庭抗爭，也沒有法源允許積極安樂死。由於一九四二年制定的刑法法條可以解釋為「出於非利己動機唆使或幫助他人自殺不是犯罪」，於是出現協助自殺的組織，主導所有協助自殺相關事務。

「解脫協會（EXIT）」成立於一九八二年，是第一個協助自殺的非營利組織。之後衍生出三個組織，分別是尊嚴協會（Dignitas）、解脫國際協會（Exit International）與生命週期協會（Life Circle）。

想要自殺的人必須付費成為會員，在接受醫助自殺之前先由家庭醫師或是協會醫師看診。

自殺時會有受訓過的義工前來協助當事人。地點是當事人自家或是協會準備的房間；方法是服用致死藥物或是按下開關，注射藥物進入血管或是胃部。採取這種作法是因為瑞士不允許由醫師執行的積極安樂死。

義工事後連絡警方，透過文件或是錄影帶證明當事人是自行選擇自殺與執行。前文提過基本上協助自殺者不會遭到問罪。

不同於其他國家的是瑞士的協助自殺團體「尊嚴協會」與「生命週期協會」接受外籍會員註冊。雖然數據有點久，不過二〇〇八年在尊嚴協會協助下自殺者有六成是德國人。

如同第一章所言，日籍女性小島美奈罹患罕見疾病「多重系統退化症」。她在五十一歲時加入生命週期協會，於二〇一八年十一月自殺。NHK特別節目《他選擇了安樂死》全程拍攝從選擇安樂死到實際自殺的經過，獲得巨大回響。記者宮下洋一當時接到小島的聯絡，與她同行，客觀記錄選擇與接受安樂死的一連串過程，內容記錄於《接受安樂死的日本人》一書。

日本安樂死與尊嚴死的發展經緯

如同前述，日本稱醫師執行的安樂死為「積極安樂死」，不對末期病患採取積極治療或是中止治療者為「消極安樂死」。

「消極安樂死」又稱為「尊嚴死（death with dignity）」。康德（Immanuel Kant，一七二四～一八〇四）擺脫基督教義的解釋，以近代公民社會倫理的觀點主張「人性尊嚴」超越一切價值，無論是何種狀態情況，都應該維護當事人的尊嚴。至於何種狀態情況會喪失尊嚴則應隨時代、文化或是個人而有不同的解釋和判斷。

如同前文所言，日本目前尚未出現安樂死與尊嚴死的相關法律，日本醫界也不認同積極安樂死，僅在清楚病患意願的情況下默認尊嚴死。

為了推動安樂死立法，日本在一九七六年成立日本安樂死協會，也就是波斯特瑪事件發生五年後，凱倫事件發生一年後。

安樂死協會的主導人物是婦產科醫師太田典禮（一九〇〇～一九八五）。他過去曾為節育運動挺身而出，原本由日本共產黨舉薦參選眾議員失敗，後由日本社會黨舉薦而當選。惡名昭彰的事蹟是與加藤靜枝（一八九七～二〇〇一）、福田昌子（一九一二～一九七五）合作，於一九四八年推動《優生保護法》表決通過。當時由於士兵以及原本居住在殖民地的國民紛紛回國，導致人口遽增，日本國內嚴重糧食不足。左派陣營卻受到貧困是因為「小孩太多」的常識所束縛，忽略社會結構問題，積極推動節育等政策。此類思想運動帶動《優生保護法》通過，針對部分殘障人士進行絕育手術等等。國會於二〇一九年命令調查室調查當年的立法過程與執行情況。

太田在制定節育政策《優生保護法》告一段落後，把熱情轉向推動安樂死運動。他身為主導人，發言卻屢屢無視銀髮族與殘障人士的人權，引來眾人議論紛紛。此事也影響安樂死難以立法通過。協會之後轉換方針，否定積極安樂死，在一九八三年更名為「日本尊嚴死協會」。

目前登錄日本尊嚴死協會，立妥生時預囑的日本人將近十二萬人。二〇〇五年成立推動尊嚴死法的議員聯盟，彙整了《尊重末期病患醫療意願法案》，卻因為反對聲浪強烈，至今尚未向國會提出。

判定安樂死的條件

法院透過判例表示安樂死成立需要一些條件。

一九六一年曾發生沒有醫生介入的安樂死——「名古屋安樂死事件」。

男子因為腦部損傷導致全身癱瘓，無法自行進食與排泄，承受強烈病痛，於是苦苦哀求長子殺了自己。長子看不下去，在牛奶裡摻入有機磷殺蟲劑，由不知情的男子妻子餵食，導致男子死亡。

名古屋高等法院在一九六二年提出六項關於安樂死的阻卻違法事由，符合這些條件可免除刑責。

①認定病患罹患不治之症，且迫近死期者。
②病痛達到難以忍受之程度。
③目的僅為緩和病患痛苦。
④病患意識清楚，能表明其真意囑託或承諾。
⑤原則上由醫師為之，若醫師不能為之，則須有無法委託醫師之特別

情事。

⑥方法係倫理上能容忍之妥適者。

法院因為該起事件不符合條件⑤與⑥，認定被告有罪但是判處有期徒刑一年，緩刑三年，判刑輕微。

東海大學醫學院附設醫院在一九九一年發生的「東海大安樂死事件」引來眾人矚目。

事件起因是當事人罹患多發性骨髓瘤，陷入昏迷狀態。家屬屢次懇求醫師「讓病患解脫吧！」事件過程複雜，最後由主治醫師施打氯化鉀致死。

橫濱地方法案針對這起案件提出認定為安樂死所需的四項條件。

①病患肉體承受難以忍受的痛苦。

②無法避免病患死亡且死期將近。

③為消除、緩和病患肉體的痛苦已採取所有方法且沒有其他替代手段。

④得以確認病患本人明確表示願意縮短壽命。

這起事件缺乏當事人事前表達意願，加上一直處於昏迷狀態，明顯不符合條件④，大概也缺乏①。起訴理由是殺人罪，而非囑託殺人罪。橫濱地方法院最後判決有期徒刑二年，緩刑二年。

這些判例提出六大條件與四大條件，視為法界提出接受安樂死的法源標準。換而言之，眾人會認為符合這些條件的案例就能視為安樂死。但是這兩起判決只是證明被告的行為不符合「認定為安樂死的條件」，長期以來的解釋都是實際發生符合條件的案例並不代表就能認定為安樂死且行為符合阻卻違法事由，可以免除刑責。

這兩起事件之後，一九九六年又發生「京北事件」。這起事件是醫院院長在末期癌症患者的點滴中加入肌肉鬆弛劑。雖然以殺人罪起訴，之後以不起訴結束。一九九八年發生的「川崎協同醫院事件」則是病患氣喘發作導致心肺功能停止，在昏睡狀態下送往醫院。醫師移除氣管插管後卻反而造成病患痛苦掙扎，並未如預期般平靜迅速過世，於是又指示施打鎮定劑與肌肉鬆弛劑。這起事件的焦點在於醫師的行為究竟是執行安樂死還是殺人，檢察官也以殺人罪起訴。

川崎協同醫院事件最後上告到最高法院，判處有期徒刑一年六個月，緩刑三年。雖然認定醫師有罪，量刑以殺人罪而言非常輕微，又有緩刑。從這些判例可以察覺法官的採量取捨。儘管安樂死並不合法，卻也不嚴刑懲處。

何謂「對於病患的最佳作法」？

富山縣射水市民醫院從二〇〇〇年起的五年間，七名五十歲～九十多歲的末期病患因為醫師移除維生裝置而死亡。這起事件在二〇〇六年因為內部人員舉發而曝光。警方雖然將兩名涉案醫師以殺人嫌疑函送檢方，最後還是以不起訴處分。

二〇一八年在公立福生醫院發生的中止人工透析事件，基本上跟射水市民醫院事件可能是相同類型。然而這起案件目前仍在訴訟中，我就不深入探討了。

話題回到射水醫院事件，七位病患當中只有一人是確認當事人意願。其餘六人都是在僅有家屬同意的情況下移除維生裝置。

厚生勞動省因為這起事件而制定了《末期醫療步驟決定指南》，並於二〇一八年發表修訂版，更名為《人生最終階段之醫療步驟決定指南》。

日本急救醫學會等三個學會在二〇一四年聯合發表《急救與重症加護醫療之末期醫療指南》，指示當無法避免病患死亡時，為了維護病患尊嚴與醫療人員安全，在符合一定條件的情況下可以停止維生措施。

急救與重症加護醫療對於末期的定義是「竭盡全力採取妥善的治療後依舊認定無法拯救病患生命的時期」。由於受到射水醫院事件影響，強調判斷末期與之後的對應必須由包括主治醫師等多名醫師與護理師所組成的團隊共同討論決定。

判斷為末期之後，醫療團隊向病患以及了解病患意願的家屬或相關人士，說明持續治療也無法挽救其性命，持續治療對於病患並無益處，反而可能傷害病患尊嚴。

此時的重要條件也是確認當事人的意願。

當事人陷入昏迷時則是遵從事前留下的文件指示，或是詢問家屬是否聽過當事人表達過意願。

無法推測當事人意願時，則「基本作法是與家屬充分協調，採取對病患最佳的治療方針」，當家屬委任醫療團隊決定時則是「醫療團隊討論對於病患最佳的對應方式，和家屬達成共識」。

遇上不清楚身分，無法接觸家屬的病患，「對於是否中止維生治療以及其時期、方法，由醫療團隊判斷何者對病患最佳」。

指南再三強調「對病患最佳」一詞，然而「對病患最佳」究竟是什麼？

這個指南值得注意的是無論病人是否立妥生時預囑，家屬是否確認過當事人意願或是家屬意願是否明確，醫療團隊都可以透過綜合判斷，決定中止維生措施。

指南不是法律。當不同類型的案例發生問題時，指南不過是參考的標準之一。醫療人員判斷時仍舊有模糊地帶。

我有點懷疑這種指南真的幫得上第一線的醫療人員嗎？但是本書也不適合針對這個問題進一步深入探討。

事件以外的部分

法官判斷造成病患死亡的行為是否相當於安樂死時，提出多項認定為安樂死的條件。

一般判例都是列舉條件，表示符合這些條件或許可認定為安樂死。符合「罹患不治之症」、「確認得到病患的意願」、「病患承受難以忍受的痛苦」等條件即可認定為安樂死，至今發生的諸多事件是因為不符合部分條件而無法認定為安樂死。

如同前文所述，單純閱讀判例會以為符合這些條件就算是完美的安樂死，於法有據，不會違法。然而就我所知，符合這些條件卻遭到舉發的醫療人員上法院還沒有人能獲判無罪。

另一方面，東海大安樂死事件的判決結果出爐時，我詢問過法律專家的意見。對方的見解也是並非符合判例列舉的所有條件就代表法官會認定為安樂死。換句話說，該起案件只是陳述了「有罪」的根據，並不代表法官會符合這些條件就做出「無罪」的判斷。定義安樂死和保證符合定義的安樂死完全合法是兩回事。

然而這類案件判處有罪的量刑卻明顯比一般殺人罪來得輕微或是有緩刑，代表法界的判斷還是有一定程度的寬容。更進一步說，日本法界雖然並未公開表示，不過目前對於完全符合判例條件的醫助自殺和安樂死是採取不追訴的狀態。

然而日本社會今後恐怕是不會進展到像荷蘭、瑞士或是美國數州一樣，立法通過醫助自殺或是安樂死吧！

日本刑法關於自殺的罪名共有四種：「教唆自殺」、「幫助自殺」、「囑託自殺」和「承諾殺人」。閱讀這些刑法法條可以發現「自殺」本身並不違法（日本的刑法沒有任何描述自殺違法的法條），而是煽動或是協助他人自殺屬於教唆自殺罪與幫助自殺罪。倘若另外制定的教唆罪（教唆的罪刑和正犯相同）或是幫助罪代表煽動或協助等行為「違法」，自殺本身卻不違法一事就顯得十分矛盾了。從目前的刑法可以感受到無論殺人者是受到真意委託或是個人根據自由意志而承諾殺人，制定法律者都認為殺人（包括自殺）這種行為必須以刑法制裁。

「六隻眼睛以下的話」

這是我在本書第一次提到類似結論的意見：我個人基本上認為不應當經常否定醫助自殺和安樂死。

這是因為大家實際上都看過許多活下去不見得是好事的例子。

然而世上也有許多犧牲自己，拯救他人的例子。例如船隻「洞爺丸」沉沒時，有位牧師把自己的救生衣讓給其他年輕人，最後成為波臣[3]。納粹集中營裡也有許多人站出來代替他人犧牲自己。至於許多殉教者更是明白下場是死路一條，還是坦白自己信教。我認為這些行為不該遭到批判。回到根本的問題，這些例子都違反日本社會目前的表面共識。但是一口咬定生命的價值勝於一切是錯誤的。認為自己相信的事物價值超越生命，為了信仰而犧牲生命不應該遭到否定。

專家與民眾對於安樂死和醫助自殺如何應用於現實社會有過許多討論，我認為必須設置門檻以免適用範圍輕易擴大，形成「滑坡現象」。新聞屢屢報導家屬因為照護造成身心沉重負擔，結果子殺父母、妻殺夫、夫殺妻等悲慘的事件。這些例子雖然和末期病患主動表示想死的情況完全不同，立法通過安樂死或許會為這些人帶來一些影響。我認為這些可能性也必須納入考量。

我的基本立場是倘若當事人同意且當事人、親近的家屬和醫療團隊建立起足夠的信賴關係，不應當否定在這種情況下執行的安樂死或是醫助自殺。

3 波臣：被水淹死者

家父主修病理學，第二次世界大戰結束之後在家裡開了一間小小的診所。

他曾經以「六隻眼睛以下」的說法，和我分享他實際執行過相當於安樂死的行為。

「六隻眼睛」指的是當事人、醫師和另一名家屬或是負責照護的人，彼此之間建立起信賴關係，在這種情況下執行安樂死。對於站在醫療第一線的人員而言，對病患採取致死的措施以縮短痛苦並不是什麼稀奇的事。家父對我說這番話是因為我將來可能繼承家業，想當醫師就得做好心理準備吧！當時我還是高中二年級的學生，認為家父是暗地問我是否已經做好心理準備。然而老實說，我實在沒勇氣親手奪走他人的性命。

當時還沒多少人是死在醫院，醫師、病患和家屬之間的人際關係相當緊密。

我之前很少公開這個觀點，不過我和精神科醫師nada y nada（**此為筆名，本名為堀內秀，一九二九～二〇一三**）往來的書信中（收錄於青土社出版的《生與死的凝視》）提到「要是建立起了緊密的人際關係，我認為醫師可以幫助期盼安樂死的病患稍微縮短壽命」」。對方在回信中也表示「正如您所言，安樂死不是現在才出現，而是因為以往醫師、病患與家屬的關係緊密才沒有成為問題。換而言之，現在安樂死等醫療問題浮現檯面是因為醫療第一線的緊密關係已經不復存在」。

但是他也補充「儘管我的想法和推動安樂死立法的人十分接近，但是我和安樂死立法運動還是一直保持一定距離。不願意明確表示贊成是因為覺得這個問題無法立法。要是立法通過安樂死，我很擔心安樂死會變成權利或義務」。我百分之百贊成他的看法。

森鷗外的看法

回溯過去，森鷗外（一八六二〜一九二二）對於安樂死也曾表達強烈的興趣。他既是醫師，也是作家鷗外的次子不律出生半年後便夭折，家人證明當時看不下去他受百日咳折磨，於是同意醫師安樂死。日後成為作家的長女茉莉在五歲時也罹患了百日咳，曾經面臨是否要安樂死的處境（小松美彥《名為「自決權」的陷阱》，言視舍）。

鷗外既是父親，又是醫師，正因為曾經親眼目睹親生子女承受痛苦，不得不做出決定，所以才會寫下《高瀨舟》這部作品。他本人也解釋過提筆的原因：「無論是何種情況，都不得殺人（中略）。然而這並非套用死板的規定就能輕易解決之事。這裡有一個遭受病痛折磨、生不如死的病人，完全沒有救治的方法。（中略）即使是受教之民，想到對方如果遲早都要死，必定會升起讓他不用受盡痛苦折磨，早日解脫的同情想法。此時產生打麻醉藥是好是壞的爭議。就算藥量不至於致死，但施以藥物或許多少會提早死期。因此不得投藥，只得讓病人持續痛苦。過往的道德標準是要求病人忍受折磨。然而醫學界對此存有異議，也就是說既然已經瀕臨死亡而痛苦，應該讓病人死得輕鬆，從痛苦中解脫。這就是euthanasia。意指讓人死得輕鬆。」（森鷗外《高瀨舟緣起》）

這裡的「euthanasia」是希臘文的「好」與「死」組成，也就是英文的

「安樂死」。

現在的醫療現場不可能在只有六隻眼睛的情況下送終。主治醫師無法二十四小時值班，自然是和其他醫生輪班看診，改由醫師以外的輔助醫護人員所組成的團隊隨侍在側。

現在的醫療環境是在眾多輔助醫護人員陪伴之下走完人生最後階段。病痛之際能接受完整的治療當然是非常理想的環境，卻也正因為處於眾目睽睽之下，尊重病患意願而中止或是打從一開始就不採取醫療措施，醫師可能會遭到病患家屬或是醫療團隊的同仁舉發。

何謂自行決定？

回顧過去的安樂死事件判決可知，最重要的是當事人的意願。

既然如此，是否當事人決定了就能允許安樂死了呢？

我認為當事人的意願當然是不可或缺的條件，卻不是唯一的條件。議論是從「當事人作如是想，我們該怎麼做呢？」開始。

如同前言詳述，歐洲各國與美國部分州市已經立法通過安樂死與醫助自殺，理由是尊重當事人自主決定。

自己的命運掌握在自己手裡，理當自行判斷行動。既然生死也是自己的，所以決定權也在當事人手上。

荷蘭立法通過醫助自殺和安樂死之後，對象由末期的重病患者擴大到認為年老失能會導致自己無法實現生命意義的健康老者，甚至延伸到年輕人，也是基於自決權的概念。

主張尊重自決權，不會有多少反對的聲音。但是自決的範圍擴大到死亡，每個人的想法恐怕就不一樣了。

個人主義與民主

咸認日本缺乏個人主義，往往因為群體主義而屈服於同儕壓力。就算意見相左，也會順從多數意見。

個人主義的英文是「individualism」，出現於十九世紀初期。原本是負面的意思。更古老的「民主」一詞更是一直帶有負面意義。

《民主在美國》是法國思想家亞歷西斯・德・托克維爾（Alexis de Tocqueville，一八〇五～一八五九）的著作。他是在一八三〇年代初期前往美國，當時恰好是個人主義一詞出現的時期。

民主主義的英文是「democracy」，「demos」是大眾之意，「cracy」是統治之意。貴族政治的英文是「aristocracy」，因此「democracy」原本指的是一種統治的形式，應當譯為「民主統治」或是「民主政治」，而非「民主主義」。

從托克維爾的名字可知，他是個貴族。依照他的觀念，由大眾指揮的統治系統本來並不可取，實際上美國關於建國的多項歷史文書中也都避免使用民主主義一詞，而是稱其為「公民政治」、「公民統治」，或是「共和制」。由此可知，以當時的常識而言，「民主主義」一詞基本上帶有負面的語意。

然而托克維爾行遍美國各處，卻發現美國似乎藉由嶄新的方法掌握這個滿是漏洞的民主主義。

這個結果令他十分驚豔，因此著書向歐洲讀者介紹美國的民主主義。書中提到民主主義的根本是個人主義。個人主義雖然不同於利己主義，兩者卻都是重視自我，最後容易陷入自我中心主義。這些主義都是引導人類著重自己的內在意識，所以在解決公民問題時難以發揮功效——這是古人對於「個人主義」的理解，不是我的詮釋。在此提醒大家，個人主義一詞是源自「不可分割主義」，和源自希臘文的「原子論（atomism）」意思如出一轍。簡而言之就是社會分割至最小單位（也就是個人）。民主主義也是以社會當中的「大眾（也就是個人的集合體）」為前提。因此十九世紀初期歐洲一般對民主主義和個人主義的解釋是兩者帶有負面意義。

既然如此，美國人又是如何挽救充滿缺陷的民主主義呢？托克維爾的觀察是仰賴各式各樣的結社（association）。

結社是社會中的個人主動與他人攜手合作，建立社群以達成目的。這些社群有的龐大，有的渺小，有的嚴肅，有的搞笑。目的應有盡有，琳瑯滿目，包括舉辦慶典、創辦宗教學校、建造旅館、建立教會、發放書籍以及派遣傳教士到偏遠地區等等。基本上只要是創業，美國人幾乎就會結社。從醫院、監獄到學校，都是結社的產物。提到要推展新事業，在法國帶頭的是政府，在英國是大地主，到了美國則處處都是公民結社。托克維爾對此讚賞有加。

大家相信有人會為了禁酒而「結社」嗎？美國曾經有過十萬單位的群眾尋找夥伴，一同宣誓不喝烈酒。托克維爾剛聽到這件事時也是難以置信。個人主義明明容易淪為自我中心主義，卻藉由個人與個人攜手打造的「結社」克服這項缺點。他認為這是美國最大的發明。

自行決定與自決權的差異

古人認為個人主義是近代公民社會的缺點。近代之前，民眾仰賴地緣、血緣或是身分制度牽起彼此之間的關係。到了近代卻因為個人主義興起，導致群眾失去彼此之間的關聯，不再團結。托克維爾認為個人被迫以自然狀態獨自存在，民主主義便是建立在一盤散沙的基礎之上。這或許是他發現的近代社會弊端之一吧！

獨立的公民同時也是無力的個人，幾乎成不了任何事，也無法強迫他人成為夥伴來協助自己。美國解決這個問題的方法就是結社。

自行決定免不了與個人主義結合。用個人主義解釋人生掌握在當事人手中，就沒什麼好多解釋的了。然而實際情況真是如此嗎？美國的「結社主義」或許為這個問題提出一種解答。倘若結社是解決個人主義問題的答案，自然可能產生人生（包括死亡）並非個人的所有物這種想法，也就是可以認定死亡不是個人的所有物，而是與自己相關的集合體關係密切。

簡而言之，儘管個人期盼尊嚴死或是安樂死，家屬卻不見得抱持相同想法。遇上這種情況該如何解決呢？

立法通過安樂死代表出現不想選擇安樂死，堅持活下去的病患或其家屬可能會遇上其他人質疑：「為什麼不去死？」「為什麼不讓他去死？」究竟該怎麼做，才能預防這種情況呢？

另一個嚴重的問題是因應家屬強力要求而屢屢延後病患的死期，是否代表原本可以用在其他病患身上的醫療資源就這樣「浪費」掉了呢？這個問題從另一個角度分析，提供維生措施意味院方能獲得一定程度的利潤。

換句話說，有待討論的問題浩如煙海。單憑大肆宣揚自決權，就能說是社會正義了嗎？這是個大哉問。我原本就不喜歡自決權這個名詞。權利到最後往往會淪為規範行動的標準。

我從生物倫理學者小松美彥（一九五五～）身上學到「自行決定不等於自決權」。小松念研究所時是我的學生。

談到安樂死與尊嚴死的問題，我首先浮現腦海的便是美國的凱倫事件。因為這起事件起因於法院認為當事人的意願最為重要，所以輿論開始傾向死亡可以自行判斷。我是在小松的著作《死亡共鳴》（勁草書房）與

《名為「自決權」的陷阱》（言視舍）讀到這番分析。

他主張「死亡是在關係當中成立，而且是只能在關係當中成立的事件。人類無法以權利的方式擁有或是處分死亡」。

人類的日常生活是由眾多微小的自行決定所累積而成：是否要喝眼前的這杯咖啡？是否要翻開記事本？是否要接電話？這些選擇全都是由自己決定。之所以能做出這些決定，是因為咖啡、記事本和電話的主人都是個人。然而死亡影響的不只是個人，還包括照顧的家屬、治療的醫師和照護的護理師。死後還有人弔念故人。

「我認為死亡自決權是指人類把死亡當作個人的所有物，硬是想憑藉個人的力量掌握死亡。人類本來就不可能對不屬於自己的事物下決定。我強烈認為把權利的概念套用在死亡上是打從根本誤會死亡的本質」（《名為「自決權」的陷阱》）。

正因為是自己的人生，時時刻刻都得自行決定該怎麼做。儘管法律保證人民決定的權利，但是生死大事並不包含在這種權利當中。我有時會不禁折服於他的主張。

為了遺屬

內科兼精神科醫師柏木哲夫（一九三九～）在淀川基督教醫院開設安寧照顧，長期負責臨終照護。他在著作《聆聽邁向死亡的病患心聲》（中山書店）介紹了以下的案例。

一名女性患者因為膽囊癌末期而住院接受安寧照顧。他丈夫早已過世，親人只剩兩個女兒。長女由於不顧父母反對而結婚又離婚，和家人疏於聯絡。次女則一直留在母親身邊，母親生病後也是由她負責照護。

病患是尊嚴死協會會員，已經申請不接受違反自然的維生治療。她開始出現黃疸的症狀，身體急速衰弱，次女和醫療團隊也已經做好準備要配合當事人意願。

然而平常疏遠的長女此時竟然提出意見，希望母親接受手術治療。手術效果雖好，卻會對身體帶來沉重負擔。她似乎是因為母親即將離世，希望對方能多活一天是一天，好讓她彌補之前的過錯。次女則因為會對母親的身體造成負擔而強烈反對。兩人之間似乎發生過劇烈爭執。

由於兩人對立得實在過於激烈，醫療人員不得不勸誡兩人：「直接問問當事人的意見吧？」說明情況之後，女性表示願意接受手術。

該名女性為了死得安詳，特意加入尊嚴死協會。最後還是選擇尊重長女的意願，接受手術好延後死期與長女和解。她會做出這種一反平日主張的決定，不是為了自己，而是為了長女。

然而到了手術當天，長女竟然趕到醫院，要求院方停止手術。相信這也是她深思竭慮後的結果吧！結果病患在五天之後安詳地過世了。

我認為這個故事代表死亡不僅是當事人本身的問題，也和家屬息息相關。對於家屬而言，陪伴親人度過病重到死亡的時間是不可取代的珍貴寶物。

然而所謂的「家屬」包括了許多人，每個人都有各自的背景，關係複雜。現代社會也有很多例子是和病患關係最親近的並非法律規定的家人。

把對於死亡的看法化為言詞與文字

另一方面，無法確認當事人意願或是缺乏推測意願的資料時，現場的醫療人員無法單憑家屬一句「請繼續治療」或是「我們受夠了！不要再治療下去了！」來行動。

更別提還有些偶爾才來探病的親戚往往對於如何治療指指點點。我記得心理學家河合隼雄（一九二八～二〇〇〇）把這種情況命名為「遠親症候群」。重要的決定受到這種「天邊孝子」左右，實在是叫人萬分困擾。

我要再三強調，我們活在現代，不能再對自己的生死毫無頭緒。儘管不見得有決定一切的「權利」，還是必須釐清自己的意願。

然而光是有想法還不夠，把想法說出來也越來越重要。至少要告知家人或是家庭醫師。

負責診斷末期病患的醫師可以試著和家屬談談：「病患前一陣子告訴我這件事。」家屬如果還沒向病患本人確認，也不要用不吉利等場面話蒙混過去，而是和病患聊聊，「之前醫師提過這件事，你是怎麼想的呢？」

無論安樂死、尊嚴死還是末期鎮靜，必要條件都是病患自行決定。因此醫病之間建立起信賴關係之後，必須藉由溝通確認病患意願。

醫療的最大目的是治好病患，病患死亡是醫療失敗。我想特別強調的是儘管醫療的前提是治癒病患，旁人還是必須尊重一些在緊密關係之下做出的決定。

倘若病患沒有機會表達意願，家屬也沒有足以推測的資訊，依照指南行動，結果發現中止維生治療是「對於病患的最佳作法」時，我認為必須尊重醫師根據良心的判斷。

確認當事人的意願，加上醫療團隊診斷與家屬同意再行判斷是最理想不過。要區分三者何者孰重何者孰輕，又是另一個難題。現代許多人身邊沒有親近的家屬。這類問題無法以固定的公式解決，有時只得仰賴醫療團隊的良心。

如何判斷病患能否承受當下感受到的疼痛極為困難。許多疼痛可能客觀評估是可以忍受的程度，當事人卻覺得痛苦難耐。

醫療技術與製藥日新月異，就算不到「魔彈」的地步，原本以為是

「不治之症」的疾病也可能出現足以應對症狀的藥物。畢竟也是有過醫生宣告只能再活半年的胰臟癌病人因為施打保疾伏（Opdivo）而幾乎消滅了所有癌細胞，儘管保疾伏從未認定是胰臟癌用藥。

想法可能改變

關於生死的決定不是寫成文字記錄下來就結束了，必須時時檢討訂正。社會學家上野千鶴子（一九四八～）反對安樂死與尊嚴死，如她所言，人類的意志可能隨情況改變，並非堅定不搖。

二〇一八年八月，東京都公立福生醫院有一名女性（當時四十四歲）因為腎臟病而接受人工透析治療，她諮詢過醫生意見後中止治療，一星期後過世。據說醫生告訴她有中止人工透析這個選項，而她選擇之後在死前表示「早知道這麼痛苦，我就不中止了」。

事件是在二〇一九年三月因為《每日新聞報》獨家報導而曝光。據說女性用智慧型手機寄訊息給先生，文字看起來像是「救救我」。日後報導該醫院包括該名女性在內的四名病患因為中止人工透析而死亡，另外還有二十名病患是因為沒有接受人工透析而死亡。

院方表示在該名女性心情平和時曾經再度確認意願，對方表示不願意重啟人工透析治療。

東京都政府因為並未保留足以確認病患意願的文件等數項缺失，發函要求福生醫院改善。院方的回答是「真心誠意接受指導」，似乎不覺得確認病患要求中止人工透析的步驟有任何疏失。我想遺屬應該也心有不甘。這個案例值得多加留意。

「我想選擇安樂死」

劇作家橋田壽賀子（**知名作品為《冷暖人間》，一九二五～**）向雜誌《文藝春秋》投稿〈我想選擇安樂死〉一文，刊登於二〇一六年十二月號。

當時橋田九十一歲，過著獨居生活。丈夫比她早一步離開，兩人之間沒有子女，身邊也沒有親屬。

內容概要是倘若罹患失智症，希望能選擇安樂死，以免給身邊的人添麻煩。由於日本安樂死不合法，想去瑞士成為協助自殺團體會員。希望日本也能像瑞士一樣，早點立法通過安樂死。

她在文章中表示「每當我看到新聞報導兒子為了照護父母而辭去工作，結果卻因為絕望而殺害臥病在床的父母，或是老人照護老人，最後照護方殺害受照護方再自殺，總是心如絞痛。要是有安樂死制度就能預防這些悲劇了」，所以「應當早日立法通過安樂死」。

反應正反不一，部分讀者表示「終於有人說出我們的心聲了」，也有部分聲音表示「像橋田影響力這麼大的人不該說這種話」。由於讀者回響熱烈，該文獲頒當年度文藝春秋讀者獎，是讀者票選該年度最有趣的報導。

《文藝春秋》也因應回響，在二〇一七年三月號針對專家學者以問卷方式調查關於安樂死與尊嚴死的看法。

回答者共六十人，「贊成安樂死者」三十三人，「僅贊成尊嚴死者」二十人，「反對安樂死與尊嚴死者」四人，沒有選擇任何選項者三人。

贊成安樂死的理由以主張「人有死亡自決權」為大宗，也有人表示「生不能自己選，好歹死的時候要做自己」，還有一些聲音是「人生要自己負責，死亡自然也應該自行決定」「自由的社會允許民眾自行決定人生，當然應該認可死亡自決權」。

此外，也有不少人贊成橋田的主張，表示「不想給周遭的人添麻煩」。

另一方面，部分回答表示「人類明明不能選擇自己出生的時機與方式，卻以為可以選擇何時死亡和怎麼死，這種想法過於傲慢」、「所有生物都是自然死亡，人類也不例外」。

值得注意的是罹患肌萎縮性脊髓側索硬化症的法國文學家篠澤秀夫（一九三三～二〇一七）表示：「我戴上人工呼吸器是為了和病魔拚搏到最後一刻，選擇安樂死代表我輸給病魔，我絕對不會這麼做也曾沒想過這麼做」。

由意見分歧，大相徑庭，可知專家學者也沒有定論。編輯部因為半數以上的人贊成安樂死而大吃一驚，贊成尊嚴死者更是高達三分之二。根據ＮＨＫ在二〇一四年所做的「生物倫理概念調查」可知贊成安樂死者占百分之七十三，贊成尊嚴死者超過百分之八十四。相較於輿論調查的結果，專家學者贊成安樂死或尊嚴死者人數遠低於一般大眾。

因為「不想給人添麻煩」

安樂死是一種禁忌，不得簡單認可，應當設立門檻方能避免適用範圍逐漸擴大。實際上荷蘭等安樂死的先進國家已經出現這種現象。

在前文提及的投稿中，橋田表示「不想給周遭的人添麻煩」。她沒有子女，而有子女的人也可能不想讓孩子為了照護自己而吃苦。

「不要給別人添麻煩」要是成為強制選擇安樂死或尊嚴死的理由是嚴重的問題。然而我認為也不能一面倒地否定當事人因為不想給家人添麻煩，做出認為對家人最好的決定。

儘管情況可能與橋田不同，這世上畢竟還是有人長期處於社會邊緣，沒有親朋好友，孤立無依。當這種人因為長期孤獨痛苦，祈求早日解脫，決定提前赴死時，醫師選擇協助送他上路不應受到社會大眾嚴厲批判。

考量醫師的負擔

《文藝春秋》的專家學者問卷調查中，也有意見表示「我認為不應當強迫或委任家屬或醫療人員決定病患生死」。

想要委託醫師執行安樂死或尊嚴死，病患也必須了解這件事情可能造成醫生龐大的心理負擔。病患放棄與家人、醫療人員溝通，建立關係，不可能走得心無窒礙，自己和眾人都心服口服。

反而言之，醫師也必須打開心房，不斷嘗試與病患溝通，了解臨終的病患期望如何離開人世。

另一方面，有些人因為難以判斷病患何時病入膏肓，進入末期階段，於是反對尊嚴死與安樂死。

厚生勞働省與諸多學會發布的醫療指南針都強調判斷是否進入末期階段應由多人組成的醫療團隊達成共識，而非主治醫生的個人意見，藉此排除灰色地帶。

射水市民醫院等醫療院所中止維生治療之所以遭到舉發在於醫師個人

「獨自判斷」。比起個人的意見，自然是多名醫師討論後做出的決定較能說服病患或家屬。

另外，病患進入末期階段時，要停止已經開始的治療和一開始就放棄該階段可能接受的治療，兩者所需的心力不同。

無論是裝設胃造廔還是人工呼吸器，要家屬或是醫師「因為死期將近，繼續治療只是增加病患的負擔」而放棄已經開始的治療，都是極為困難的決定。

實際上除非當事人或是家屬明確表達意願，基本上院方都會選擇執行新療法。

醫師看到眼前的病患因為疾病而受苦，當然會想做點什麼好延續對方的生命。院方也有不想中止治療的現實理由。畢竟不採取任何措施，單純送終只是提供空間讓病患度過人生最後階段，無法賺取任何金錢。

另一方面，放棄治療也可能遭到病患或家屬批判「明明還有其他治療方式，為什麼那時候不肯做？」，甚至告上法院求償。醫療單位自然會想避免這種情況。

日本的末期治療之所以給人治療過度的印象，就算不能斷定是不得不為，至少不是完全沒來由。

想要改變這種現況必須一點一滴改變末期醫療的前提條件。

我要再三強調，倘若醫師與病患、家屬有機會充分溝通，情況或許會出現改變。「雖然現階段有這種療法，不過對於病患而言只是得承受更多痛苦。所以我不是很贊成採用這種方式。如果你們還是想試試，我們就來試試吧！」事前充分說明，並且獲得病患或家屬同意，相信應當能避免刑事告發或是訴諸法律到一定的程度。

末期鎮靜的意義

末期鎮靜是緩和醫療的一環，也是比較接近安樂死的醫療行為。

末期鎮靜的目的是舒緩末期病患的疼痛，施以降低清醒程度的藥物或是刻意給予舒緩疼痛的藥物以降低清醒程度。通常使用的藥物是咪達唑侖等苯二氮草類的鎮定劑。

日本緩和醫療學會發表的二〇一〇年版指南定義「鎮靜」如下：

①投藥目的為舒緩病患疼痛，降低清醒程度。

②投藥目的為舒緩病患疼痛，並且刻意降低清醒程度，維持此一狀態。

手術前的局部麻醉不在此列，至於非刻意造成之清醒程度降低以及維持此一狀態則符合該定義。

緩和醫療學會的指南以數據證明接受末期鎮靜的病患與自然死亡的死期相差無幾。

這表示直接致死的原因不是鎮定劑。認定鎮定劑不會縮短壽命代表學會主張末期鎮靜明顯不同於積極安樂死，不是由醫療人員造成病患死亡。末期鎮靜的出發點是既然末期病患早晚都會告別人世，與其忍耐疼痛，保持清醒，還不如舒緩疼痛但意識模糊，比較不會受苦。

尤其是病患劇烈疼痛時，末期鎮靜的作法是增加藥量，進入深層鎮靜。此時病患無法與外界溝通。

至於是要在沒有意識的狀態下與世長辭還是忍耐疼痛和送終的家人、醫療團隊告別，逐漸邁向死亡，應該每個人心中都各有一把尺。相信有些人會覺得「我就是怕痛」，有些人則是「就算痛苦也要在清醒的狀態下離開人世」。

日式的折衷方案

換個角度來看，倘若特意降低清醒程度，無法與外界溝通的前提是病患進入末期階段，代表接受末期鎮靜的當下就已經開始邁向死亡，再也無法回頭。因此向當事人確認是否願意接受末期鎮靜，實際上代表接下來就要站上死亡的起跑點。

以器官移植為例，腦死雖然和末期鎮靜定義不同，單就沒有意識和無法與外界溝通等相似的情況而言，醫療人員是把病患視為遺體。

既然如此，病患因為末期鎮靜而陷入「深層鎮靜」，邁向死亡的這段期間究竟是為誰而活呢？

家屬或許會覺得就算無法交談，光是看著病患面有血色地睡著，想著對方還活著就很高興。然而這樣跟腦死有什麼差別呢？

另一方面，醫療人員無法預測這種情況會持續多久。腦死後為了取得新鮮的器官，通常都會儘快解決。病患在接受末期鎮靜後多半一兩天或是數天便撒手人寰，不會持續到半個月或是數十天。鎮靜狀態持續過久，家屬不免會要求：「這也太久了，差不多該住手了吧！」這種情況代表家屬不願意單憑院方的判斷繼續鎮靜治療。

如同前文所述，不可否認的是對於院方而言，比起什麼都不做，施作胃造廔或是持續從中央靜脈注入營養等作法多少還能增加一點收入。這種情況實在是有些諷刺。

更嚴重的問題是原本第一要件是確認當事人的意願，當事人進入深層鎮靜後便無法表達意願。尤其是指南提出的條件②，在這種情況之下根本無法取得當事人「同意」或是「接受」。

原本判斷病患是否有意識就已經是個艱鉅的任務。儘管足以確認病患意識不清是因為施打了用於末期鎮靜的鎮定劑，院方無法確認陷入昏迷狀態的病患究竟是不是毫無意識。

儘管如此，由於日本不允許積極安樂死，醫療人員在無法消除病患疼痛時仍舊選擇末期鎮靜治療。醫師執行積極安樂死是違反〈希波克拉底誓言〉，違背生物倫理。

安樂死一事難以取得社會共識，是個非常敏感的問題。因此用末期鎮靜取代安樂死的折衷方案，同時減輕醫師直接執行安樂死對心靈造成的沉重負擔和罪惡感，是非常日式的解決辦法。

學會態度更加慎重

前文提及的討論是根據二〇一〇年版的《緩解疼痛的鎮靜指南》。日本緩和醫療學會在二〇一八年推出修訂版，並且更名為《癌症患者的頑固型疼痛與鎮靜基本概念索引》。

更名的理由是「因為缺乏緩解痛苦用的鎮靜相關證據（中略）所以判斷難以採取一般醫療指南（中略）的形式」。「指南」更名為「索引」則是因為「同時記載目前仍在討論，尚未達成結論的事項」。

最新版把適用對象限定於癌症病患是因為編輯指南的綜合委員會成員多半缺乏非癌症病患的緩和治療經驗以及癌症病患以外的緩和治療標準不如癌症明確。

老實說日本緩和醫療學會應該是因為社會大眾對於末期鎮靜議論紛紛，才會格外慎重吧！

索引也修改了鎮靜的定義：「緩解疼痛的鎮靜定義為無論醫師是否有意降低病患的清醒程度，『目的為緩解頑固型疼痛而投藥』」。

該索引之所以「儘量避免以是否有意降低清醒程度為鎮靜定義」的原因如同前文所述，是因為降低清醒程度和確認當事人意願難以兩立。換句話說，索引的「日式折衷風格」更為強烈了。

由此可知，期盼社會大眾對末期鎮靜達成共識可說是難如登天。

醫療人員和家屬的痛苦

然而部分負責執行末期鎮靜的醫療人員和家屬卻因而受苦。

根據ＮＨＫ和日本居家安寧照護協會在二〇一五年實施的問卷調查發現，四成的居家安寧醫師表示「過去五年曾經執行末期鎮靜」，其中二成認為「和積極安樂死沒什麼太大的差別」。

ＮＨＫ的新聞節目《Close up現代＋》在二〇一六年播放了關於末期鎮靜的特輯（〈如何決定「人生的最後一刻」——「末期鎮靜」造成的內

心衝突〉，節目中介紹了病患的妹妹為病患施打鎮定劑後心如刀割，覺得「自己也是姊姊離開人世的原因之一」。

醫療人員的心靈創傷以及家屬的苦楚，都是今後討論安樂死問題必須一併納入考量的要素。

末期鎮靜促使部分人士認為邁向死亡的這段期間不過是「延後死期」，沒有意義。就連像荷蘭這樣接納安樂死的國家，竟然也有醫師認為「還不如執行安樂死比較好」（沙博茜《選擇安樂死》，日本評論社）

擺脫病痛

「疾病」代表一個人受到病痛侵襲，正在承受病痛。醫療的目的是讓病患擺脫病痛。

醫療不是從死神手中救下患者，而是解決病患的痛苦。這本來是理所當然的目的，卻經常遭人遺忘。正因為是現代，社會大眾更應該進一步討論這個主題。

帶領病患擺脫病痛並不代表就是要讓病患安樂死。

正如森鷗外所言，當醫師發現唯一解決病痛的手段是安樂死，而且能證明這個判斷正確時，必須把安樂死列入醫療的選項。倘若當事人或是家屬也認為沒有其他辦法能解除肉體的痛苦時，我認為森鷗外的主張正確。

然而現在的醫療人員卻很難說出這種話。這是因為鎮定劑日新月異，抑制得住肉體的疼痛。

帶領病患擺脫病痛不違背醫療原本的目的。然而這種狀態對於病患而言，真的算得上精神與肉體都幸福嗎？我認為一定有病患只要能和深愛的人聊上一兩個小時，願意當下承受病痛後死去。

第四章

醫療資源、經濟與安樂死

「死不了」的理由

「長生不老」不僅是個人的願望，也是周遭家人的期盼。我認為這是生命的原始欲求。

儘管如此，現在末期醫療第一線人員所面臨的現實卻是病患赤裸裸地抱怨「總也死不了」。這其實代表了幾個意義。

第一個意義是醫療進步。舉凡藥物、維持生命的機械與人工透析等醫療技術整體提升，過往許多只能聽天由命的疾病都不再是不治之症，可以透過人為的力量延長病患的生命。今後技術會持續進步，想必能夠澤及全體人類。

另一個意義則是基於經濟理由。醫療院所不是神仙，無法餐風飲露就能治療病患。醫院想要經營下去就非得賺錢不可。日本醫院不分公私立，都得確保不會賠錢。就此觀點而言，使用尖端技術延長病患壽命是非常花錢的行為。當然院方視經營與收取治療費用為優先，本身就是個值得討論的問題。

然而把醫院當作企業看待，經營的確是不可忽略的嚴重問題。例如麻生泰（一九四六～）的著作《開朗改革醫療現場》（日本經濟新聞出版社）等書籍便提出了另一個解決辦法。此書著重打從根本重建護理師在醫院的立場，以老闆的眼光一一篩選出醫院的不當情況，逐一改善。麻生之後也持續公開努力的成果。

胃造廔與醫療院所的經營方針

以歐洲為例，基本上只有將來可能康復的病患才會施作胃造廔。然而日本卻是只要無法經口攝取營養，就連來日無多，毫無起色的病患都會裝設胃造廔來補給營養。不同於從中央靜脈注入人體的全靜脈營養，胃造廔是從胃部直接補充營養。胃部接觸到食物所造成的刺激可能促使其他機能恢復，不見得一定是壞事。

然而我深切覺得這種作法有問題是聽到好幾家提供醫療的安養院要求入住時必須簽署同意書，表示「不會拒絕施作胃造廔」。這種同意書等於在面臨緊急情況時，本人或家屬都不能開口拒絕施作胃造廔。

要求當事人一定要裝設胃造廔是因為健保點數很高。自從二〇一四年調整醫療費用給付標準之後，終於抑制醫療單位隨意施作胃造廔到一定程度。然而吞嚥困難的患者容易罹患吸入性肺炎，照護難以經口攝取營養的病患、進食費時又費力，所以傾向施作胃造廔以減輕照護者的負擔。無論如何，經濟都是一大理由。

第三個理由是醫療單位沒有執行所有維生治療而導致病患過世時，可能遭人追究刑事責任。

最終結果端看是否遭到起訴。然而至今警方已經介入好幾個類似案例。

這些案例帶給醫療單位相當大的打擊。病患或許覺得這些事情沒什麼大不了，卻是決定醫療人員是否真的放手不急救的重要因素。

除此之外，另一個根本的問題是醫療人員認為讓病患死亡是自己失敗。總而言之，本節提出的三種理由相互影響，結果造就末期病患陷入「總也死不了」的困境。

禁忌的說法

遲遲無法立法通過安樂死與尊嚴死的另一項理由和醫療沒有直接關係，而是所謂「納粹的惡夢」。例如宮下洋一（一九七六～）的報導文學作品《接受安樂死的日本人》（小學館）中提到烏取大學副教授安藤泰至（一九六一～），他最近的著作《討論安樂死與尊嚴死之前必須了解的背景》（岩波booklet）為〈前言〉下的副標是「納粹的惡夢」。納粹德國時代，不僅大量屠殺猶太人，最後還對精神障礙等殘障人士痛下毒手。安藤認為現代日本社會出現以「納粹的惡夢」比擬部分特定人士的言行，目的是要阻撓一般人傾向安樂死與尊嚴死的言論。實際上只要言論和納粹牽上線，任何異議都會遭到封鎖。

在此情況下，「人權」一詞在第二次世界大戰結束後的日本社會更是不容質疑的金科玉律，如同尚方寶劍，亮出來便所向無敵。因此思考安樂死與尊嚴死的問題時，人權成為不可忽略的要素之一。例如瑞士協助自殺團體的其中一位代表便強烈主張協助想要自殺的人實現願望不過是尊重「人權」。由此可知，「人權」的定義複雜多端。

因此我個人認為在討論安樂死與尊嚴死之際，不應該輕易「放大絕」——形容他人思想言行類似納粹，以免妨礙討論進行。

不斷膨脹的醫療費用

根據厚生勞働省的調查，二〇一七年度的國民醫療費（屬於健保給付範圍的傷病治療費用）約為日幣四十三兆一千億元（**折合台幣約十二兆**

元），創下新高。其中自付比例為百分之十一點六，共日幣五兆元（**折合台幣約一兆八千億元**）。因此醫療費用約九成是由稅賦與保險費，也就是相互扶持的社會福利制度所支付。

日本政府規定七十五歲以上的高齡人口為後期高齡者，於二〇〇八年推動後期高齡者醫療制度。我也是受惠人之一。後期高齡者醫療制度的給付額在二〇一七年度是十四兆八千億元（**折合台幣約四兆一億元**），占醫療費總額的百分之三十四。

預計後期高齡者的醫療費用今後仍會持續攀升。根據健康保險協會聯合會估計，嬰兒潮世代會在二〇〇二年成為後期高齡者，到時候醫療費用將暴增至日幣五十七兆八億元（**折合台幣約十六兆元**）。

針對醫療費持續膨脹一事，過去我曾經提議變更付費方式，改為先由病患支付全額費用，之後再利用保險制度退費。這是因為自己付過一次全額，或多或少應該會改變對於醫療必要性的認知。然而這種作法首先會提高低收入戶接受治療的門檻，另一個遭到拒絕的理由是增加大量行政工作。我認為第一點可用特例的方式處理，第二點則是期待人工智慧進步到足以負擔行政工作。我認為現在正是使用這套方法的好時機，可惜似乎還是窒礙難行。

病患的自付比例占醫療費的一成。一成究竟是多是少，意見紛紜。然而回顧歷史可以發現，過去長期以來認為病患理應全額給付。

反而言之，一九七三年以來，日本的高齡人口有一陣子甚至看病不用付錢。部分聲音認為提供免費老人醫療是日本醫療政策史上最大的敗筆（島崎謙治，《重新追究醫療政策》，筑摩新書）。二〇〇二年藉由修正《健康保險法》等措施，將高齡人口的自付額調整為一成。相較於退休前人口的自付額為三成，基本上七十到七十四歲者是二成，七十五歲以上的後期高齡者是一成。我現在雖然已經高齡八十三歲，就年齡而言完全是後期高齡者，卻因為除了年金之外還有些許收入，必須「自付三成」。

關於維生治療的討論

討論醫療資源問題時，倘若以刪減社會福利經費為由檢討過度或是無意義的維生治療，容易引來反對聲浪，例如「這是輕視人命的行為」，或是馬上拿出「尚方寶劍」——無視人權說。不先排除偏見，難以討論合理分配與共同負擔等根本問題。

社會學者古市憲壽（一九八五～）透過小說《平成君再見》討論安樂死。此書入圍二〇一八年下半年度芥川龍之介獎。在天皇確定以禪讓的方式為平成年號畫下句點時，設定作品舞台為日本已經立法通過安樂死，可以感受到作者的用意。

小說發表之後，古市和同為三十多歲的媒體研究家落合陽一（一九八七～）在文藝雜誌《文學界》對談。古市在對談中建議對進入末期階段的高齡患者提議「放棄最後一個月的維生治療」。《朝日新聞報》的文藝時事評論家磯崎憲一郎（一九六五～）等人對此發表嚴厲批判。

醫療經濟學者二木立（一九四七～）也反駁古市的發言，表示末期高齡病患的醫療費用不見得壓迫到健保財務。

二木的主張是根據醫療經濟研究機構在二〇〇〇年發表的報告，內容記載所有死者在死前一個月的治療費用為日幣七千八百五十九億元（**折合台幣約二千二百億元**），占整體國民醫療費的百分之三點五。厚生勞働省保險局在二〇〇五年發表二〇〇二年度末期醫療費用（死前一個月花費的醫療費用）為日幣九千億元左右（**折合台幣約二千五百億元**），占同年度「醫師診察費」的百分之三點三。

中央政府在二〇〇七年五月頒佈的資料也是以二〇〇二年度的醫療費用來計算，得出「末期醫療費」一樣約為日幣九千億元，所以比例也是約莫百分之三。

然而作為分母的國民醫療費總金額是否合宜又有一番議論了。

無論如何，古市放棄治療的這番發言雖然突兀，卻明白呈現「日本已經邁入超高齡社會，不能再逃避討論安樂死與維生治療了」。我認為年輕人提出討論的契機，反而應該歡迎才是。

新生兒醫療的實際狀況

人口老化不僅壓迫醫療資源，也對日本社會造成全面影響。然而我最近發現產前醫療、新生兒醫療發生的問題其實和末期醫療一樣。健保財務之所以出現危機不僅是高齡人口的醫療費用暴增，〇歲到一〇歲的新生兒與兒童醫療費用其實也相當高昂。

其他先進國家規定中止懷孕的期限是二十四週。日本雖然沒有明文規定，不過根據前厚生省**（類似台灣的衛生福利部，日後改制為厚生勞働省）**頒布的次官通知是不滿二十二週。

二十二週由產婦生出的胎兒也是一條生命，醫療團隊自然會竭盡全力拯救。我出生時的體重約莫是三千七百五十公克，在當時是標準體重。現在則是流行「生得小，再養大」。日本的醫療技術高超，就連出生體重不到一千公克，僅有五百公克左右的過輕嬰兒也能救活。

由於日本的新生兒加護病房發達，出生時呈現假死狀態或是擱置不管可能立刻自然死亡的嬰兒也有機會挽回一命，給予完整照顧。我認為這是值得向全世界誇耀的功績。

拯救一出生便面臨生命危機的嬰兒，家長自不用說，相關醫療人員當然也是非常喜悅與自豪。然而這些兒童的預後狀況不見得盡如人意，往往一兩年也出不了院，或是好不容易出院了也得一輩子定期前往醫院接受治療或檢查。對於醫療端或是病人本身，都是極大的負擔。醫療費用更是一筆沉重的負荷。現在許多地方政府等單位正在制定減輕病患負擔的制度。

順帶一提，國立成育醫療研究中心原本是「兒童醫院」。原本的病童長大成人之後，無法再由小兒科醫師持續診療。因此國立成育醫療研究中心由原本的兒童醫院發展為特殊醫院，目的是讓病童成年之後也能持續接受治療。

許多人認為「老而不死謂之賊」，但是面對躺在新生兒加護病房的嬰兒，恐怕就做不出放棄治療的決定了。嬰兒在眾人眼裡就是如此可愛。其實不只是人類的嬰兒，動物的嬰兒對於動物本身以及人類而言也都十分可愛。覺得嬰兒可愛應該是天性吧！另一方面，醫療端對於新生兒還是會分檢。例如國際上認可不救助嚴重畸形或是罹患重度疾病的新生兒。

器官移植與醫療資源

器官移植也是必須納入考量的問題。日本在一九九七年成立《器官移植法》，承認腦死。儘管如此，日本依舊是先進國家當中對於器官移植最猶豫不決的國家。

另一方面，日本人因為受到和田移植事件（注：札幌醫科大的教授和田壽郎於一九六八年執行日本首次的心臟移植手術。術後發現疑似不符合移植條件，引發社會爭議）等不良案例的影響，難以接受腦死的概念。因此《器官移植法》通過之後，移植腦死病患器官的案例有一陣子一年仍舊不過十例。二〇〇九年修正法律，改為家屬同意即可摘除腦死病患器官以及未滿十五歲的腦死病患也可以捐贈器官。儘管如此，捐贈器官的人數依舊偏低。

因此發現子女罹患疾病，必須接受器官移植方能活命時，父母往往向社會大眾募款，選擇前往其他國家接受器官移植手術。

有時募款活動響應熱烈，募集到手術所需的龐大金額。我想這代表日本社會當中有許多人有同理心，是件了不起的事。我也無意責怪一心想要拯救子女的父母。然而站在客觀角度思考，便能發現前往國外接受器官移植手術，代表搶先當地等待名單上的病患一步，「插隊」接受手術，也就是日本的病患花錢搶奪其他國家珍貴的醫療資源。

其實現在安樂死也發生類似的情況。尋求安樂死的人因為居住的國家沒有立法通過安樂死，於是前往可以執行安樂死的國家尋死。這種情況稱為「自殺旅遊」。

以美國為例，布蘭特妮・梅納德（Brittany Maynard，一九八四～二〇一四）經由醫師診斷得知自己罹患惡性腦腫瘤，只能再活半年。她於是在二〇一四年服用醫師處方的藥物，結束自己的生命。她在YouTube公開影片，說明自己想要「死得有尊嚴」。影片引來全球矚目。她為了接受醫助自殺（Physician-Assisted Suicide），特意從加州搬到醫助自殺合法的奧勒岡州。

梅納德至少是在美國國內移動。必須跨國方能接受安樂死不僅是個人的問題，也是事關醫療資源與醫療經濟基礎的社會問題。

前文詳述過瑞士的輔助自殺團體「生命週期協會」曾經幫助日本女性小島美奈自殺。該團體的負責人艾瑞卡・普萊希克（Erika Preisig，一九五八～）醫師表示「我希望會員所在的國家都能允許協助自殺，不需要為了死得有尊嚴而特地來到瑞士」（宮下洋一《接受安樂死的日本人》）。

需要醫療行政專家

現在已經不是單純討論「高齡人口的醫療費用高漲，壓迫健保，該怎麼辦？」的時候了。必須找出各類問題與矛盾的現況，針對如何正確花用有限的醫療經費，建立討論的基礎。

然而日本缺乏培養醫療行政專家的組織。

近藤正晃詹姆斯（一九六七～）曾經擔任推特（Twitter）日本分公司

代表，經歷不同凡響。醫療行政的專業講座因為他竭盡心力而得以舉辦。

他和東京大學醫學院、東京大學尖端科學技術研究中心的教師等人於二〇〇四年成立醫療政策人才培育講座。這門講座之後由公共政策研究所醫療政策教育與研究組承接，卻於二〇一六年結束。今後的時代更加需要了解醫療與財政的專家，講座在此告終實在可惜。

人類早已開始揀選生命

劇作家橋田壽賀子原本向世人訴求「請讓我能安樂死」。然而二〇一八年三月五日出刊的《朝日新聞報》（數位版）所刊登的訪談中，她卻向記者表示：「我放棄安樂死了。安樂死在日本看來很難立法通過，所以我請求專業的訪視醫師讓我能以接近安樂死的「尊嚴死」告別人世。」

看來她不是真的要放棄安樂死，不過「我一說要安樂死，就會遇上許多反對聲浪。例如罵我『說什麼安樂死，人應該對生命懷抱希望，努力活下去』，或是向我抗議『提倡安樂死可能強迫其他人一起受死』」。

古市和落合對談時也是一樣。部分民眾聽到安樂死便強烈反彈，認為不可以把這個詞掛在嘴上。因此一直無法推動全體國民進一步討論死亡自決權。

一九九六年國會修正《優生保護法》，更名為《母體保護法》。《母體保護法》並未制定胎兒條款。胎兒條款意指孕婦經由產前檢測得知胎兒可能罹患法律規範之重大疾病或殘障者，可以中止懷孕。英國與法國等歐洲國家都設有這項條款。

現在各界人士針對胎兒條款仍舊持續討論，國會表決時卻以「不得揀選生命」為由，放棄這項條款。我認為放棄胎兒條款本身是正確的決定，神奇的是以經濟條件不佳為由中止懷孕的法條居然沿用下來了。

由於國會通過《母體保護法》，因為強暴等犯罪事由受孕、懷孕本身會嚴重影響母體健康者，或是經濟條件無法負擔者可以合法中止懷孕。

所謂經濟條件無法負擔意指繼續懷孕一事會對家長的經濟狀況造成嚴重影響。

當年《優生保護法》通過時，日本正處於戰爭方才結束的混亂時期，人民飢寒交迫。加上從戰場與殖民地「回國」的民眾，人口大幅增加，形成嚴重的社會問題。現在日本生活水準已經大幅提高，政府完全無法遏制人口減少。然而從當年到現在，中止懷孕的理由幾乎都是出於經濟狀況無法負擔。

真心要追究起來，以經濟狀況為由放棄生命應該是極度嚴重的社會問題。最後因為民主運動團體與女權團體強烈反對，無法修改該法條。這難道是因為胚胎的生命沒有人類重要，所以用經濟狀況來衡量也無所謂嗎？另一方面，使用計畫廢棄的剩餘胚胎製造胚胎幹細胞（僅使用預定廢棄的胚胎。這種胚胎是體外授精後冷凍保存的受精卵。預定廢棄是因為胚胎的所有人，也就是胚胎的父母親申請廢棄）意味破壞將來可能成長為人類的受精卵。然而強烈反對使用廢棄受精卵製造胚胎幹細胞的人，卻能容忍以經濟條件不佳為由放棄在子宮中逐漸孕育成長（且將來當然可能成長為人類）的胎兒。這種態度未免也太前後矛盾，不合邏輯了。

日本產前檢測的實際情況[4]

《胎兒的話》（三島社）是由婦產科醫師增崎英明（一九五二～）口述，紀實作家最相葉月（一九六三～）記述。書中有句話令我印象深刻。最相在書中提出許多尖銳的問題，包括新型產前檢測——非侵入性產前胎兒染色體篩檢（NIPT）。

非侵入性產前胎兒染色體篩檢是使用孕婦的血液檢測胎兒的染色體。由於母親的血液包含胎兒的DNA，因此可以使用這種方式檢測胎兒的情況。原本開發母血血清篩檢的目的並不是用來檢測胎兒，現在也已經用來確認胎兒是否染色體異常。非侵入性產前胎兒染色體篩檢便是以母血血清

4 產前檢測胎兒是否異常在台灣已經非常普遍，在日本醫療院所於2019年才獲得放寬條件。

篩檢為基礎，進一步開發而成的檢測。這項篩檢確認第二十一號染色體是否異常的準確度頗高，也就是造成唐氏症的原因。

增崎小心回覆關於非侵入性產前胎兒染色體篩檢的提問，卻也表示醫療單位提出有這項篩檢就等於是建議孕婦接受檢測。

據說就算非侵入性產前胎兒染色體篩檢的檢測結果是陽性，之後接受羊膜穿刺也可能翻牌。另外還可能因為孕婦本人罹患癌症等疾病，把母親異常的染色體誤認為胎兒的。儘管部分孕婦無畏於檢測結果陽性，選擇生下孩子；當場選擇墮胎的孕婦實際上將近九成。

我想另外補充一些書中沒有說明的部分：非侵入性產前胎兒染色體篩檢之於醫療院所是非常賺錢的一門生意。實際負責檢測的是國外的實驗室，日本的醫療院所只是在顧客前來申請時負責交送資料與結果。一次篩檢就能收取日幣十萬元以上（**折合台幣約二萬八千元**）的檢查費用（因為這項篩檢不是健保給付對象），簡直是不勞而獲。因此在日本執行非侵入性產前胎兒染色體篩檢的幾乎都是婦產科以外的醫療單位，或是非學會認定的機構。執行篩檢代表宣告檢測結果之後，必須負起事後治療與關懷的責任。然而這些機構因為不是婦產科，對於應負的責任都敷衍了事。日本社會無法積極推廣這項篩檢，正是因為執行機構並未負起應盡的責任。

站在醫療的角度，要求孕婦自行判斷是否應該接受非侵入性產前胎兒染色體篩檢就已經很困難，醫師也很難推薦孕婦接受篩檢。這項篩檢檢測唐氏症的準確率很高，對於第十三號染色體異常的準確率卻沒有這麼高。因此負責的醫師會在檢測結果陽性時提醒孕婦該篩檢的準確度沒有羊膜穿刺來得高。然而現實情況是許多孕婦一知道篩檢結果是陽性就毫不猶豫地選擇墮胎，不會再做羊膜穿刺進行二次確認。這和眾人避而遠之的胎兒條款並未經過審慎討論就輕易訂立，其實是一樣的道理。

負責的醫師不會積極推廣非侵入性產前胎兒染色體篩檢，是因為告知孕婦有這項篩檢不只是提供一種選項而已。對於孕婦而言，醫師的提議相當於建議接受治療。然而沒有告知病患，卻也可能招來抗議的聲音：「為什麼不告訴我有這種篩檢？」

增崎認為決定接受檢測與否都是孕婦本人「正確的抉擇」。他在書中提出沉重的指摘：「當非侵入性產前胎兒染色體篩檢這種檢測方式問世時，就沒有人能評斷究竟何者為是，何者為非。」

這項新技術問世的階段，每一個人就已經在不知不覺中面臨選擇何種生命才能來到人世，或是只能做出選擇了。就理論的角度來看，醫療單位對於新生兒的分檢更為明顯了。

山百合園事件

日本跨黨派議員聯盟在二〇一二年彙整了二項尊嚴死法案，當時新聞報導得好像會馬上向國會提出。然而直到現在還沒有任何動作。

暫停提出法案的原因之一，應該是二〇一六年七月發生了攻擊智能發展遲緩人士的山百合園事件。津久井山百合園位於神奈川縣相模原市，是專門照顧智能發展遲緩人士的服務安養機構。

犯人U曾經在此工作三年。這起事件造成十九名智能發展遲緩人士遭到殺害，二七人輕重傷。事態悽慘，帶給社會強烈衝擊。

犯人U把這些無法溝通的智能發展遲緩人士稱為「失心者」，犯案前五個月寄信到眾議院議長大島理森的公邸。信件內容主張「建立多重殘障人士可以安樂死的世界」云云。之後警方前往山百合園通知此事，犯人U自願離職，強制住進精神科病房。

新聞媒體也報告犯人U表示自己「吸收了希特勒的思想」。德國納粹曾經基於優生學思想，執行安樂死政策。接受警方偵訊時，他也提到「明明這個社會需要安樂死制度，政府卻不肯制定」。

他似乎堅信世上存在「不值得活著的人」。犯案時也執拗地詢問職員究竟那些人能溝通，哪些人又無法溝通？我認為這是他判斷可否殺人的「合理標準」，不能單純認定他犯案只是因為「他瘋了」。

小松美彥認為犯人U犯下的案件是「反映日本社會動向的真實鏡子」（《名為「自決權」的陷阱》）。雖然他的行動沒有任何足以正當化的要素，在匿名的網路世界裡卻引發不少共鳴。

早在山百合園事件發生之前，「尊嚴死立法議員聯盟」便更名為「尊重末期病患意願議員聯盟」。為了消弭大眾反感，避開直接面對安樂死問題，以溫和模糊的說法取代「安樂死」、「尊嚴死」等用詞。如此一來，就更難以看清問題本質了。

末　章

準備死亡

怎麼活就怎麼死

淀川基督教醫院的醫師柏木哲夫在著作《聆聽邁向死亡的病患心聲》中提到「人怎麼活就怎麼死」。這句話呈現了生命的艱辛困難，卻也點出人生在世的真理，我聽了頓時恍然大悟。

他在書中寫道「和家人感情好的人會在親情圍繞下離開人世，和家人疏遠的人則在疏遠的狀態下死去（中略）平常的相處模式會反映在送終的過程」。

如同前文所述，無論是蒙田在《隨筆集》引用西賽羅和塞內卡等羅馬時代哲學家的發言，還是日本的著作《葉隱》，這些討論生死問題的書籍其實主旨都是「人要隨時做好死亡的準備」。

《隨筆集》寫於十六世紀，《葉隱》則是十八世紀的作品。然而兩者卻有不少相似的譬喻。

蒙田的時代也好，《葉隱》的時代也好，死亡對於這二個時代的人民而言都近在咫尺，伸手可及。許多人的生命轉眼之間灰飛煙滅。儘管如此，人類對於生命依舊懷抱一縷希望，相信今天活著就代表能活到明天。在這種時代下寫就的書籍告訴現代人的教訓就是要時時刻刻準備好面對死亡。

我很喜歡歷史小說，尤其是以古代為背景的新創故事。小說《受死》（新潮文庫）因為作者隆慶一郎（一九二三～一九八九）過世而成為未完之作，主角也是一名典型遵守《葉隱》規矩的武士。

主角名叫齋藤杢之助，他的一天始於「死亡」，也就是每天醒來時在被窩裡鉅細靡遺地想像自己的各種死法。所以他每天都把自己當作一個「死人」。

假設一隻巨大的老虎突然跳到面前，把自己從頭撕扯成兩半。老虎的尖牙並未咬碎頭顱，而是用爪子撕裂全身。所以不是當場立刻死亡，而是明確感受疼痛後逐漸死去。這種作法類似現代人的心理練習。

「為了避免突然面臨死亡時狼狽不堪，每天想出一種新的死法與想像自己以這種方式死去的模樣。如果沒能想到新的死法，就把之前想過的死法重新想像一次。

奇妙的是早上起床時先想像一次自己是怎麼死的，身心反而不再受到束縛，一整天都過得輕鬆愉快。仔細想想，杢之助離開被窩時已經是個死人。死人怎麼會憂鬱煩惱呢？」

書中描述的是一種極端的「生死觀」。作者本人的說明是死人沒有什麼好怕的，所以能活得隨心所遇。

小說開頭出現的作者令人聯想到隆本人。由於第二次世界大戰戰況日益激烈，還在念書就被迫上戰場。他把韓波（Arthur Rimbaud）的詩集《地獄一季（UNE SAISON EN ENFER）》藏在《葉隱》裡帶去戰地，卻因為缺乏讀物，連《葉隱》也翻閱起來。結果深受吸引，吸收內化成思想的一部份。他在作品中提到戰爭結束後很長一段時間沒再翻開《葉隱》，重新閱讀之後發現還是深受感動。

隆上過戰場，有過赴死的心理準備。如果死了之後又獲得重返人世一天的機會，該怎麼度過這一天呢？主角每天想像自己的死法，可以說是一種極端的鍛鍊方式。所謂準備死亡或許就是這麼一回事。

如何活在當下？

另一個例子是山本周五郎（一九〇三～一九六七）的短篇小說《不可輕忽》。

某個諸侯領地的道場裡有一個徒弟劍術高強，卻總是拿不到師傅傳授的秘笈。眼看其他技術不如他的徒弟都紛紛拿到秘笈，他越想越不高興，終於有一天跑去質問師傅理由。

師傅默默地走向他的房間，打開壁櫥，拿出骯髒的內衣和用紙張包裝的糖果；又伸手摸了一下高處的橫條板，結果手指頭都因為灰塵而染黑了。徒弟看了，羞愧地低下頭來。

師傅做這些事情意在詢問徒弟：如果有一天突然離開人世，你是否能走得不羞不愧？

想要怎麼死其實就是要怎麼活。我覺得現在流行的「斷捨離」恰巧反映了這種精神。

這個問題進一步延伸，其實是如何評價自己過去的人生。完成了多少夢想，又實現了多少願望，達成了多少目標？留下了什麼遺憾，又是否對人生感到滿意呢？如果能回顧檢視人生到這一步，算是很了不起的臨終了。

然而現實生活卻是連壁櫥都不見得收得乾淨。打掃整理不該是臨時慌張做的事，而是平常就該認真執行。東西一旦多了，反而打不起勁面對。正確作法是每天撥出一點時間整理清掃。這種生活方式也可說是「葉隱」的精神。不過我現在雖然說得一口大道理，其實自己也沒做到，實在很不好意思。

準備死亡最重要的與其說是如何迎接死亡，不如說是如何珍惜當下。

平常時候都不見得能做到這些事情了，更何況臥病在床，無法動彈，必須躺在床上等死時，更是難以思考今天要怎麼度過，是否以及能否做到前文提及的心理準備。

死亡不是禁忌

如同前文所述，思考如何劃下人生句點時，清楚交代遺言也是回顧人生的重點。家人還在就交代家人，或是告知值得信賴的朋友也行。如果親近的人都已經過世，就把遺言寫成文字記錄下來，任誰看了都能知道該如何執行。

正因為已經沒有任何親密的人能代為處理，更應該思考無法清楚表達意願的可能性，事前做好準備更顯重要。

德肯．阿魯豐斯（Alfons Deeken，一九三二～二〇二〇）是上智大學的榮譽教授，也是耶穌會的祭司。他早在三十年前便開始提倡「為死所做的準備教育」。

他本身個性開朗，一直以公開開放的態度介紹這一門學問。剛開始舉辦講座時，不少人因為主題是死亡而心生抗拒。雖然還不到普及至一般大眾，至少逐漸為人所知。許多人失去親愛的家人之後，透過阿魯豐斯的活動而獲得幫助，「為死所做的準備教育」益發重要。

死亡不是禁忌，不應特別避開，而是進一步了解。了解人類哀悼親人過世的過程也是為自己的死亡做準備。這些行為其實都和「好好活在當下」相關。

我們生活在死亡不再貼近日常生活的時代，深入了解他人的死或許可以說是一種「教養」。

英文「sympathy」原本是共同承受痛苦之意。護理學校等機構有時會提醒學生「不要過度同情（sympathy）」，建議用「empathy」取代「sympathy」。兩者意思很相近，「empathy」也是共同承受痛苦（pathos）的「共苦」，不過通常翻成「同理心」。

為了培養同理心，我覺得趁著上大學之前或是其他合適的時機去安養院之類的照護設施工作個一年也是不錯的經驗。有些國家有兵役制度。日本的年輕人很幸運，不用去當兵。但是用貢獻社會取代當兵，對年輕人來說也是很好的制度。

年輕時有機會接觸臨終的人是非常貴重的經驗。了解這些人的悲傷，或是發現迎向死亡的過程中也有歡喜與快樂，這些都是人生的一部分。同時明白自己在送終的過程中幫不上對方任何忙。這些不僅是難得的經驗，也是未來自己迎向死亡時的重要準備。

人類是唯一會思考「何謂死亡」的動物

人類是唯一會意識到死亡的動物。雖然大家常說大象會去找地方等死，貓死的時候不想讓飼主看到等等。但是就動物行為學而言，這些行為並不代表動物意識到自己即將死亡。

野生動物的世界沒有「年老」，正確來說是沒有「年老的個體」。野生動物的年老等於死亡。老去的動物只會死去，所以人類遇不到年老的野生動物。

「年老」不過是當死亡迫在眉睫時，快速邁向死亡的過程。野生動物的晚年都非常短暫。生物當中應該只有人類依靠自己的力量延長了晚年的時間。

人類應該是唯一會在活著的時候思考死亡的動物，凝視人生的終點。不知道該說是幸還是不幸，人性就是建立在這個基礎上。

想想實在是不可思議，人打從一出生就朝死亡邁進。剛出生時當然沒有人會注意到這件事。然而成長到一定的年齡，自然會意識到死亡。我們享受人生的同時，也背負著這種宿命。

霍爾拜因（Hans Holbein der Jüngere，一四九七～一五四三）和杜勒（Albrecht Dürer，一四七一～一五二八）等人的畫作經常出現骷髏，在日本人看來非常奇怪可怕。然而歐洲人從中世紀到近代初期，經常把真的骷髏放在餐桌或是書房。

就連不熟悉拉丁文的人也可能聽過這句話——「memento mori」，意指「記住你終有一死」。

無論是繪畫還是音樂，死亡都是經常出現的主題。「骷髏之舞（danse macabre）」便是其中一例。聖桑（Charles Camille Saint-Saëns，一八三五～一九二一）曾經寫下同名的交響詩，白遼士（Louis Hector Berlioz，一八〇三～一八六九）的《幻想交響曲》第五樂章與李斯特（Liszt Ferenc，一八一一～一八八六）的《死之舞（Totentanz）》引用了葛利果聖歌（Gregorian Chant）《神怒之日（Dies irae）》陰鬱的旋律。許多音樂家都曾經把這段象徵死亡的旋律編進自己的作品當中，例如帕格尼尼（Niccolò Paganini，一七八二～一八四〇）、柴可夫斯基（Пётр Ильич Чайковский，一八四〇～一八九三）、馬勒（Gustav Mahler，一八六〇～一九一一）和德布西（Achille-Claude Debussy，一八六二～一九一八）。

每當瘟疫（以現代的說法是傳染病）肆虐時，社會大眾不得不面對死亡。例如十四世紀鼠疫流行時，歐洲受害尤深，據說奪走了三分之一的人口。社會在短時間之內失去大量人口，社會結構被迫改變，民眾的意識自然也出現劇烈變化。一派走向活在當下的享樂主義，不再期盼未來；另一派則是嚴肅面對隨時可能死亡的事實，儘量累積善行。這二種情況都顯示了人性的一面。

有趣的是歐洲幾乎每三百年便會流行一次鼠疫，帶動文學大作面市。前文提及十四世紀鼠疫盛行時，薄伽丘提筆寫下《十日談》；十七世紀是丹尼爾　笛福的《大疫年日記》；十九世紀則是卡謬的《瘟疫》。由此可知，就連以鑽研人性為基本的文藝界也深受死亡影響。

可以選擇死亡的社會

死亡在過去稀鬆平常，所謂的生死觀是思考下輩子云云。現代社會卻是個人不得不思考自己想怎麼死。

現代人就算罹患疾病，也能在醫療的協助下生活一段時間。當醫生告知有辦法治療時，病患對生命多少也有些眷戀，思考自己「究竟還能活多久呢？」

然而當「究竟還能活多久？」轉變成「怎麼總也死不了？」時，對於當事人而言實在是件不幸的事。

正因為出現有人煩惱自己「總也死不了」，歐洲的各國等先進國家對於死亡的態度才會明顯轉換為「想死就自己負起責任決定去死」。選擇死亡的動機除了肉體不健康之外，也逐漸擴大至靈性的（spiritual）不健康。

觀察荷蘭和比利時的案例，和日本的差異果然在於這兩個國家在近代都經歷過建立公民社會的過程。

公民社會的組成份子是獨立的公民，必須百分之百尊重每一位公民的獨立性，任何人都不能挑戰這項大原則。儘管多少有些事由必須另行斟酌，大原則還是完全尊重每一位公民的個人決定，而且這項大原則不會動搖。

醫師必須具備的決心

如同前文所述，日本和比利時、荷蘭差不多在同一時期開始出現「安樂死」一詞，發生不少相關事件，這些事件自然也成為刑事案件，引發眾人屢屢議論。

日本把消極安樂死稱為「尊嚴死」。過去社會缺乏尊嚴死的概念，到了現在卻是尊嚴死相關案例琳瑯滿目。目前社會已經形成默契，病患可以拒絕過度醫療，選擇自然死亡。儘管眾人已經達成一定的共識，卻尚未進入立法階段。

積極安樂死則包括知名劇作家橋田壽賀子的提議，和保守派評論家西部邁的自殺事件。儘管西部邁自殺事件鬧得沸沸揚揚，自從東海大安樂死事件發生以來，日本對於積極安樂死並無任何動作，期盼安樂死的人一直無法如願。

我覺得在現在日本社會的氛圍之下，很難做出不立法規範安樂死的決定。

每當思考這個問題時，我總是不禁站在醫師的角度。

醫師這個職業必須承受層層痛苦。這個職業的目標是拯救生命。每個醫師都希望自己能挽救病人性命，解除病患痛苦。然而實際當上醫師之後便會發現自己的力量其實十分渺小，比起救起來的生命，救不起來的人數更是好幾倍，甚至是幾十倍。這是醫師這個職業的第一層痛苦。

另一種痛苦則是面對病患生不如死時，唯一的解決方式卻是送對方離開人世。救命與奪命的矛盾更是造成多層痛苦。明明工作的目的是救人性命，卻得為了解除病患痛苦而結束對方生命。做到這個地步，想必得痛下決心；執行之後還會受到良心苛責。我相信沒有人有資格責備這些秉持「共苦」心態執行安樂死的醫師。

但是不能因為如此，便強求醫師執行安樂死。

荷蘭便出現好幾個醫師執行安樂死之後心靈難以承受的案例。另一方面，也有部分醫師因為安樂死已經立法通過，把處方致死藥物給病患當作是工作的一環，公事公辦，不帶任何情緒。

反而言之，立法通過安樂死之後，可能會出現把安樂死當作例行公事的風險。我覺得安樂死倘若淪為例行公事，代表這個社會已經生病了。

對於期望安樂死的人而言，能遇上願意「共苦」的對象再幸福也不過了。醫學院等教育機關也必須教導學生當上醫師可能會遇上得執行安樂死的場面。宣告死亡是醫師才有的特權，因此希望在培育過程協助學生做好心理準備。

前文也曾反覆提及，父親告訴「六隻眼睛以下的話」是希望我明白想當醫師必須要做好心理準備。

第一個心理準備是拯救人命必須全力以赴，其次是竭盡全力也不見得能拯救所有人的性命，死去的病患比救起來的人數更多。第三個心理準備是同理病患的痛苦，就算得違背當醫師時所發的誓，也必須讓病患死得安詳。父親告訴我當醫師就是得做好這幾項心理準備。

如同前文所述，我覺得自己尤其做不到最後一項心理準備。當時戰爭已經結束，我很幸運不需要上戰場殺敵。就算是正當防衛，我不希望自己為了保命而殺人，也不覺得自己下得了手。鎌倉時代的日本佛教著作《歎異抄》中有一句話：「我有良心，所以不能殺人。」做人做事必須符合倫理規範，殺人不符合倫理規範，所以禁止自己殺人。這種說法合理單純。然而我之所以不殺人只是因為膽小，沒有勇氣奪走他人的性命。

我沒有繼承父業，選擇醫師的工作，最大的理由是高中時罹患肺結核。然而深入探索自己的內心，真正的理由是做不到父親提出的心理準備。

另一方面又覺得要求別人做到自己因為膽小而下不了手的事情未免過於自私。這種覺得對不起對方的內疚心情一直盤據在心頭。

無論是何種時代，當醫師都必須做好病患把生命交到自己手裡的心理準備。雖然我期盼醫學院等教育機構能培育學生做好心理準備，目前的醫學教育卻認為只有延後病患死期才有意義。我很擔心現在的醫學教育會忽略這些重要的心理準備。

例如「末期鎮靜」便是非常日式的折衷方案。日本緩和醫療學會雖然強調「末期鎮靜不是安樂死」。但是我要再三提醒大家，末期鎮靜的功能其實與安樂死相差無幾。末期鎮靜包括失去意識之後到死亡的過程。光憑這點就很清楚兩者相去不遠。

來到「公民」思考這個問題的時期

日本人習慣遵從制度或是社會風俗，而非自行決定。我想這應該是過去習於聽從天皇或將軍的指令，導致積習為常。既然法律或是制度如此規定，照著做就是了。不參與討論，而是遵循已經做好的決定。許多人認為服從規定比自己苦惱思索要來得好。因此由政府設定安樂死的標準，也是一件很危險的事。

原本日文的「公」字意指「大房子」，也就是掌權者住的房子。例如皇室的另一個說法是「公家」，過去皇室就是所謂的「公」。在朝當官的人稱為「公卿」，所謂「公事」指的是朝廷的政務。到了江戶時代，掌權機關從皇室轉變為幕府。江戶幕府的基本法典叫做《公事方御定書》。日文「奉公」一詞原本指的是為朝廷效命，到了近代則轉變為權利階級效命。「公」延伸的意思是「表裡」的「表」，因而產生「社會」、「體面」等意思。這種情況下，標準是「他人的眼光」，重點放在「表面上」。順帶一提，「公園」一詞出現於一八七〇年左右，是「public space」一詞的日文翻譯（白幡洋三郎《庭園之美，造園之心》，NHK library）。由此可知，從幕府時代末期到明治時代初期，日本人慢慢養成把「public」譯為「公」的習慣。

無論如何，在日本說到「公」這個字，一般人想到的都是「政府、朝廷、幕府」或是「不包括自己在內的權威」，而不是西方人口中意指「公民、公共」的「public」。福澤諭吉（一八三五～一九〇一）受到西方思想的影響，嚴格區分「公」與「私」一事膾炙人口。然而他把「public」翻成「公」的時候，難道不曾遲疑嗎？

同一個社群的成員在面對某個問題時，經由徹底討論，做出結論。當這個結論是多數人的共識時，通常反對派也會選擇接受。然而關於自己「生命」的決定，只要這個決定不會危害他人，就算違背社群共識也應該為社群所接納。我相信近代公民社會的倫理是建立於「公民」的概念。因此安樂死的相關問題現在已經到了必須由「公民」思考行動的階段。

現在早已過了交由他人判斷的時期。必須自行負起責任，認真思考自己究竟想怎麼樣為人生劃下句點，而非任由他人決定。這其實也是對自己的最大尊重。

打造寬容的社會

下結論是件困難的事。但是不說清楚自己的意見，恐怕會遭人批評膽小懦弱。其實如同前文所述，我並非完全反對安樂死或醫助自殺。我是個不遵守戒律的基督教徒跟天主信徒。這裡先離題一下，討論一個宗教話題：教養深厚的知識份子會說自己是「天主教徒」。我很在意這種說法。所謂的「天主教」其實是基督教的一個流派，所以只有「基督教徒」，沒有「天主教徒」。相同道理可以套用在「新教徒」上。不過奇妙的是很少遇上這種說法。

回到原本的話題，基督教基本上認為「自殺」是犯罪。我在此之前都特意不用「自殺」二字。然而想要定義的話，安樂死基本上是自殺，醫助自殺也是消極的自殺。因此我對於宗教的戒律抱持消極的負面態度。

原本基督教內部針對自殺也有過一番討論。其實光看聖經和經外書中耶穌的言行，找不到關於自殺的嚴格禁忌。然而知名的聖師希波的奧斯定（Augustine of Hippo，三五四～四三〇）和經院派神學家湯瑪斯・阿奎那（Thomas Aquinas，一二二五～一二七四）留下的著作中，明確禁止自殺。他們主張的根據多半是摩西十誡之一「不可謀殺」。根據史料記載，某些時代或地區規定死於自殺者不得埋葬於教會的墓地，或是喪禮時不得舉辦正式彌撒。

倘若虔誠遵守基督教與天主教的教義，我絕對不能贊成安樂死與醫助自殺。然而我無法反對，理由請參考前文。

當前日本政府對於立法通過安樂死或醫助自殺，解除禁令一事抱持遲疑的態度。其中一大理由是認為缺乏充分的社會共識。當然凡事不是達成社會共識就能執行。社會共識是法律等成立的必要田建，而不是唯一條件。另一個問題是先前提到的日本社會如何認知「公」的概念。日本人的習慣是一旦政府決定了就會儘量遵守。這種民族性有時是「優點」。然而遇上關於安樂死立法時，這個「優點」卻可能成為紕漏，叫人不得不擔心。

我深切期盼日本社會面對安樂死與醫助自殺等問題，不要鑽牛角尖覺得是唯一的解決辦法，出現更多不同的聲音。我恐怕不久於世，希望透過本書促使「寬容」二字所代表的價值觀能紮根於這個社會，實際發揮效果。

長期思考死亡的心得

前文提出許多案例證明現在是「總也死不了的時代」，不過我在最後一節想要補充一點。

死亡在過去雖然是線性過程，人類受到死亡左右的時間卻較為短暫。由於醫療技術不夠先進，幫助有限，重症或重傷病患通常不久於人世。治得好就治得好，會死就是會死。兩者之間沒有灰色界線。

過去戰死（包括在後方犧牲的士兵）是應當納入考量的主要死因之一。戰爭結束時我還是小學生，不需要考慮自己戰死的可能性。然而當時我已經面臨過許多次戰爭帶來的死亡。例如五百公斤的炸彈掉落在對面人家的防空壕，一家五口死了四個人，唯一倖存的父親僅身受重傷是因為當時恰好離開防空壕。我還幫忙處理善後。家附近因為居民零星散布，所以美軍都是用炸彈攻擊，而非燒夷彈。之後換成艦載機前來用機關槍掃射，在自家屋頂的瓦片上留下許多子彈的痕跡。

我因為父親工作的關係，在一九四五年五月搬到神奈川縣的寒川。當時每天到了上午十一點，美軍的艦載機就會發動攻擊。空襲警報一響，學校馬上停課，我則是赤腳跑回兩公里外的自家。通常跑回家之前，美軍的飛機就已經逮到我還在田中間跑。飛機低空飛行到我看得到防風玻璃後方的駕駛員有著一雙藍眼睛。駕駛員用機關槍掃射，把剛插了秧的水田打出一長條水花。我沒有在那一條水花上不過是因為運氣好。

當年我還是個孩子，自然不會去思考如何面對死亡。然而回想起父母的情況，他們應該也不曾思考過死亡或是在家討論過這個話題。艱辛的生活逼迫得我們無心思考。戰爭結束之後，不用再擔心死於戰火，卻又迎來「飢餓」這個威脅。當時發生一名叫做山口的法官只靠配給，拒絕購買黑市的糧食，結果餓死的事件。這起事件當時上了報紙頭條。其他民眾（例如我家）其實也已經瀕臨餓死的地步。然而我們最關心的是想盡辦法活下去，沒有空思考死亡。

明明當時死亡已經迫在眉睫，窘困的生活卻逼迫到我們連「思考死亡」這件事情都忘了。

但是時代不一樣了。儘管天災人禍依舊是必須納入考量的重大死因，現代人已經不會慌張就死。就連生重病也會因為醫療技術與照護方式進步，延長臥病在床的時間。

正因為如此，人類獲得不得不思考死亡的時間。誇張一點地說，我之所以得以提筆寫下本書也是出於時間寬裕。相較於以前人，我們是幸運的一輩。

思及至此，我更覺得必須感謝自己活在「死不了的社會」。過去我克服了人稱「絕症」的結核病；現在雖然罹患癌症，還是得以享受醫療技術進步所延長的人生。我對此由衷感激。

我對於「死不了的社會」懷抱感激之情，同時勇敢面對當中必須改善的情況，並且希望自己能永遠抱持這種心態。這是我為本書所作的結論，我就在此擱筆了。

後記

距離上一本著作《「死亡」臨床學》問世，已經過了將近二年。文藝春秋出版社編輯部的稻田勇夫先生在一年前拜訪我，建議我用上一本書作為新書的基礎加以發展。我滿懷感激地接受他的提議。

本書的定位是「文春新書」叢書，因此閱讀客群應該相當廣泛，並且必須符合當下的時代需求。在這二項限制之下，還得提出具有說服力的說明，解釋這個麻煩的主題。我實在不習慣這樣的工作，多虧稻田先生伸出援手，找來佐久間文子女士訪問我。她的貢獻足以稱為合著的另一位作者。

佐久間女士和稻田先生屢次拜訪寒舍，寫下我笨拙的發言，並且提問恰當，引導出更多想法。

不僅如此，佐久間女士完成稿子之後還自行查詢資料，確認資訊是否正確。

稻田先生與其他校對人員不僅更新資訊，還傾力從不同方面協助改善本書內容。本書當然是文責自負，卻也是稻田先生、佐久間女士以及其他相關人士一同付出心血的結晶。

對於今後的日本社會而言，本書探討的內容是沉重的難題。所有人都無法逃避這個難題所造成的影響。

我無意自豪提出了解決方案，也不覺得自己的意見是普世價值。最後稍微值得引以為傲的是提出了幾個要素，協助每一個人找出屬於自己的解答。

二〇一九年十二月

村上　陽一郎

【作者介紹】

村上陽一郎

科學史家、科學哲學家。一九三六年生於東京。東京大學教養學院學士，東京大學研究所人文科學研究科博士課程修畢。曾經擔任東京大學教養學院教授、東京大學尖端科學技術研究中心長、國際基督教大學教養學院教授、東洋英和女學院大學校長等等。獲頒東京大學、國際基督教大學榮譽教授與廣島市立大學榮譽博士。

2AF721

怎麼活怎麼死：

死不了的時代，我們有權利決定如何離開

作　　者／村上陽一郎
譯　　者／陳令嫻
編　　輯／單春蘭
特約美編／劉依婷
封面設計／康學恩

行銷企劃／辛政遠
行銷專員／楊惠潔
總 編 輯／姚蜀芸
副 社 長／黃錫鉉
總 經 理／吳濱伶
發 行 人／何飛鵬
出　　版／創意市集出版
發　　行／城邦文化事業股份有限公司
　　　　歡迎光臨城邦讀書花園
　　　　網址：www.cite.com.tw
香港發行所／城邦（香港）出版集團有限公司
　　　　香港灣仔駱克道193號東超商業中心1樓
　　　　電話：(852) 25086231
　　　　傳真：(852) 25789337
　　　　E-mail：hkcite@biznetvigator.com
馬新發行所／城邦（馬新）出版集團
　　　　【Cite(M)Sdn Bhd】
　　　　41,jalan Radin Anum,
　　　　Bandar Baru Sri Petaling,
　　　　57000 Kuala Lumpur,Malaysia.
　　　　電話：(603) 90578822
　　　　傳真：(603) 90576622
　　　　E-mail:cite@cite.com.my

印　　刷／凱林彩印股份有限公司
2021 (民110) 年3月　初版一刷　　Printed in Taiwan.
定價／320元

若書籍外觀有破損、缺頁、裝訂錯誤等不完整現象，想要換書、退書，或您有大量購書的需求服務，都請與客服中心聯繫。

客戶服務中心
地址：10483 台北市中山區民生東路二段141號B1
服務電話：（02）2500-7718、（02）2500-7719
服務時間：週一 ～ 週五9：30～18：00
24小時傳真專線：（02）2500-1990～3
E-mail：service@readingclub.com.tw

※詢問書籍問題前，請註明您所購買的書名及書號，以及在哪一頁有問題，以便我們能加快處理速度為您服務。

※我們的回答範圍，恕僅限書籍本身問題及內容撰寫不清楚的地方，關於軟體、硬體本身的問題及衍生的操作狀況，請向原廠商洽詢處理。

※廠商合作、作者投稿、讀者意見回饋，請至：
FB粉絲團：http://www.facebook.com/InnoFair
Email信箱：ifbook@hmg.com.tw

國家圖書館出版品預行編目資料

怎麼活怎麼死：死不了的時代，我們有權利決定如何離開/村上陽一郎著. -- 初版. -- 臺北市：創意市集出版：城邦文化事業股份有限公司發行, 民110.03
　面；　公分. -- (樂活人生)
譯自：死ねない時代の哲学
ISBN 978-986-5534-38-7(平裝)
1.生死觀 2.死亡
197　　　　110000709